F. SCHRÖGER

ZU FUSS
VON PASSAU NACH
JERUSALEM

FRIEDRICH SCHRÖGER

ZU FUSS VON PASSAU NACH JERUSALEM

VERLAG PASSAVIA PASSAU

Auf dem Schutzumschlag:
Einziges noch erhaltenes Stück des Weges,
auf dem Paulus zu Fuß
von Troas nach Assos ging (Apg 20, 13)

Alle Fotos vom Verfasser
Graphische Gestaltung Max Reinhart

© 1984
3. Auflage 1988
Printed in Germany
Gesamtherstellung: Passavia Druckerei GmbH
Verlag Passavia Passau
ISBN 3 87616 114 2

INHALTSVERZEICHNIS

Vorwort	9
Warum zu Fuß nach Jerusalem?	11
Passau, der Ausgangspunkt	23

I. ETAPPE: 29
VON PASSAU ÜBER WIEN–BUDAPEST–BELGRAD
NACH THESSALONIKI (SALONIKI)

Aufbruch	30
St. Florian	37
Melk	41
Göttweig	42
Klosterneuburg	45
Wien	46
Budapest	49
Belgrad	51
Der serbische Klosterweg	52
Janjevo	62
Pella	67
Exkurs: Römische Straßen und antikes Reisen	69
Thessaloniki	70

II. ETAPPE: 74
VON THESSALONIKI NACH EPHESUS

Apollonia	76
Amphipolis	77
Kavalla	78
Philippi	79
Ipsala	84
Gelibolu	90
Troja	95
Troas	99

Exkurs: Schiffsreisen in der Antike 101
Assos 102
Pergamon 107
Izmir 111
Ephesus 112

III. ETAPPE: 125
VON EPHESUS ÜBER DAMASKUS NACH JERUSALEM

Laodizea 133
Hierapolis 134
Kolossä 137
Isparta 142
Antiochia in Pisidien 144
Ikonium 148
Lystra 157
Derbe 159

*Exkurs: Das Verkehrs- und Herbergswesen
zur Zeit des Paulus* 163

Die Kilikische Pforte 175
Tarsus 177
Issos 180
Antiochia am Orontes (Antakya) 185
Damaskus 191
Golanhöhen 195
Der See Genesareth 203
Tiberias 204
Jericho 207
Jerusalem 210

Nachwort (von Lorenz Wachinger):
Den Weg gehen – ans Ziel kommen 221

Literaturverzeichnis 231

»Das Sitzfleisch ist gerade die SÜNDE
wider den heiligen Geist.
Nur die ERGANGENEN Gedanken
haben Wert.«

FRIEDRICH NIETZSCHE, Götzendämmerung
oder Wie man mit dem Hammer philosophiert, Leipzig 1889,
Abschnitt »Sprüche und Pfeile«.

VORWORT

Dem Plan, zu Fuß von Passau nach Jerusalem gehen zu wollen, verdanke ich eine Menge Einsichten und Erfahrungen. In dem vorliegenden Buch wird einiges von diesen Erfahrungen und Erlebnissen der Öffentlichkeit vorgelegt.

Nach Abschluß meines Weges nach Jerusalem 1976 schrieb ich 1977 im Passauer Bistumsblatt einen Bericht »Auf Pilgerstraßen und Pauluswegen zu Fuß von Passau nach Jerusalem« in sieben Folgen. Daraufhin bekam ich eine wahre Flut von Einladungen der verschiedenen »bildungsverantwortlichen Gremien« in der Diözese, von diesem Pilgerweg zu berichten. Tatsächlich gibt es wohl keinen größeren Pfarrort in der Diözese, in dem ich nicht in der Folgezeit von diesem Weg zu Fuß »auf den Spuren des Paulus« Vorträge gehalten hätte. Diese zahlreichen Zuhörer waren es auch, die mich drängten, alle die Erlebnisse und Erfahrungen und alles, was dabei Paulus betrifft, zu Papier zu bringen. So entschloß ich mich, diesem Drängen nachzukommen und dieses Buch zu schreiben.

Zu danken habe ich an dieser Stelle zuallererst denen, die auf diesem Wege auf den verschiedenen Etappen meine Begleiter waren:

JOSIP VIDIĆ	(Belgrad – Skopje)
JOSEPH PRINZ	(Thessaloniki – Ephesus)
GEORG KNAPS	(Thessaloniki – Ephesus)
GERD RIESE	(Thessaloniki – Ephesus)
FRANZ XAVER LUMMER	(Ephesus – Damaskus)

Zu danken habe ich bei der Erstellung dieses Buches besonders Herrn Dr. Lorenz Wachinger, München, der mir mit Rat und Tat zur Seite stand, die »Aufzeichnungen des Pilgers« für ein größeres Lesepublikum aufzubereiten und der zu diesem

Buch das Nachwort: »Den Weg gehen – ans Ziel kommen« verfaßt hat.

Zu danken habe ich sodann Frau Rosi Stein (Sekretärin am Lehrstuhl für NT-Exegese), die das Manuskript, das ein um das andere Mal verändert wurde, bis zur Endfassung unverdrossen und mit Umsicht getippt hat. Dank gebührt auch Herrn Andreas Artinger, der die Literatur von den Bibliotheken herbeigeschafft und alle Zitate, Daten und Zahlen überprüft hat.

Zu danken ist schließlich Herrn Martin Teschendorff, der dieses Buch mit seinen Mitarbeitern vorzüglich betreut und für den Verlag Passavia übernommen hat.

Warum zu Fuß nach Jerusalem?

Pro und Contra

Ist es für einen Professor der Neutestamentlichen Exegese Zeitverschwendung, wenn er auf alten Pilgerstraßen und Pauluswegen zu Fuß nach Jerusalem geht, oder kann er dabei etwas gewinnen, auch für sein Fach? Sollte er lieber hinter seinen Büchern sitzen bleiben? Es gibt Stimmen dafür und dawider; ich beginne mit zwei hoch angesehenen Bibelwissenschaftlern zu Beginn unseres Jahrhunderts.

Der erste, Caspar René Gregory (1846–1917), geborener Amerikaner, Professor in Leipzig, bedeutender Textkritiker, hat Fragmente eines Buchs »Zu Fuß in Bibellanden«, Leipzig 1919, hinterlassen; der Herausgeber, Prof. Guthe, Leipzig, vermerkt (S. 4): »Es war Gregorys Absicht, die Erlebnisse seiner Fußreise aufzuschreiben und unter dem Titel ›Zu Fuß in Bibellanden‹ drucken zu lassen. In seinem Nachlasse fanden sich jedoch nur einzelne Abschnitte ausgearbeitet, über abgerissene Aufzeichnungen und Entwürfe war er im übrigen nicht hinausgekommen.« In höchst amüsanter Weise erzählt Gregory aber in den vorhandenen Fragmenten (Zu Fuß wandern – In Ägypten – Der kurze Weg zum Sinai – Kurzer Bergweg vom Katharinenkloster nach et-tor – Im Wüstensande – Durch die Wüste nach el-arisch), wie eben nur einer erzählen kann, der die Wege zu Fuß gemacht hat; einer, der sich Wind und Wetter, Sand und Hitze und den Menschen als Fußgänger, d.h. ohne Schutz ausgesetzt hat.

Gregory schreibt dabei u.a.:

»Wer es für unbedingt notwendig erachtet, erster oder zweiter Klasse zu fahren, wer der Meinung ist, daß er im Osten

gerade so essen müsse wie zu Hause, wer nicht gelegentlich einen Dolmetscher entbehren und auch in etwas hilfloserer Weise mit Fremden verkehren kann, der mag sich von vornherein sagen, daß er im Osten zwar vieles wird sehen können, was er zu Hause nicht sieht, daß er aber das allerwichtigste nicht erreichen wird, einen wirklichen Einblick in die Art des Landes und des Volkes ... Von Jugend auf war ich gar manchmal zu Fuß gewandert. In Amerika und in Deutschland hatte ich jede Gelegenheit ergriffen, so zu reisen. Einmal war ich z. B. von Lengenfeld in Sachsen aus durch Bayern und die Schweiz nach Genf gegangen. Es war darum mein begreiflicher Wunsch, auch im Osten in dieser urmenschlichen Weise zu wandern. Aber alle, die ich darüber befragte, erklärten mir, das sei im Osten völlig ausgeschlossen. Kein Fremder, sagte man, könne dort einfach herumwandern, das sei beschwerlich und gefährlich, und ein solcher Reisender würde auch unfehlbar von der Bevölkerung verachtet werden. Aber man überzeugte mich nicht, und ich hoffte trotz allem im stillen, daß es möglich sein würde. Einen Versuch wollte ich machen.«

Der andere Große aus dem Bibelfach, den ich – zu meiner Rechtfertigung – mit seiner Orientreise (freilich nicht gerade nur zu Fuß) zitieren kann, ist Adolf Deissmann (1866–1937), zuletzt Prof. für Neues Testament in Berlin; im Vorwort seines Buches »Paulus« (Tübingen ¹1911, S. Vf.) schreibt er:

»Auf zwei Orientreisen durfte ich 1906 und 1909 den lange gehegten Plan ausführen, die Schauplätze des Urevangeliums und der Lebensarbeit des Apostels Paulus mit eigenen Augen zu schauen. Wenn ich von ganz geringen Ausnahmen absehen darf, so habe ich sämtliche in der Urgeschichte des Christentums bedeutsamen Orte besucht und glaube sagen zu dürfen, daß ich insbesondere von der Struktur der paulinischen Welt einen Gesamteindruck erhalten habe, dessen Wirkung und Wert sich mir persönlich von Jahr zu Jahr gesteigert hat. Es hat wenig Zweck, lange Worte darüber zu machen; was solchen

Studienfahrten verdankt wird, kann ja doch nur durchs Experiment festgestellt werden. Wer als Nichtausgelernter reist und jeden Kulturdünkel zu Hause läßt, lernt vor allem plastisches Schauen und das Sehen aus dem rechten Abstand. Er merkt, was Licht und Schatten ist und was Höhen und Tiefen bedeuten. Der Sinn für das Einfache und das Wildwachsende, das Unausgeglichene und Unstilisierte schärft sich; Schichtung und Gliederung werden zu wundervollen Problemen, die Kontraste vollends zwischen modern-abendländischer Buchkultur und unliterarischer antik-anatolischer Kultur werden greifbar. Unser peinliches Studierstubenerbteil dagegen, der ebenso unerbittliche wie weltfremde und dabei doch anmaßende mikroskopische Scharfsinn, der mit dem hölzernen Lineal gerade Linien und mit der eisernen Schere scharfe Schnitte macht, erleidet Einbußen. Fasse ich die Wirkung meiner Fahrten auf mich selbst zusammen, so kann ich bekennen, daß die guten Keime des historischen Paulusverständnisses, die ich meinen Lehrern und meinen Studien verdankte, auf dem Acker des Apostels selbst und unter seiner Sonne ein neues Wachstum erfahren haben, daß dagegen viele im Schatten der Schulmauern gewucherten Triebe unter derselben Sonne verdorrt sind. Keinen Augenblick habe ich bei alledem die ›Enttäuschung‹ erlebt, die nachgerade eine Phrase des Touristenfeuilletons geworden ist: das Neue Testament und die Propheten, deren Seelen in dem heiligen Buche schwingen, sind mir noch größer geworden als zuvor.«

Ich erinnere auch an das schöne Bekenntnis A. Toblers (abgedruckt, in: Deutsche Pilgerreisen nach dem Heiligen Land, S. 32 f.):

»Sogar der beste denkgläubige Christ kann die Bibel, zum wenigsten ihren Einschlag örtlicher Beziehungen, weder mit der Klarheit und Lebendigkeit der Vorstellungen, noch mit der Fülle und Tiefe der Gefühle erfassen, wie der Pilgrim, dessen Gedächtnis durch die Anschau über die Wirklichkeit gebietet.

Reiseerinnerungen aus dem heiligen Lande sind ein köstlicher Schatz, den kein Gold und kein Silber aufwiegt.«

Mein verehrter Lehrer Otto Kuss, mit dem ich von München nach Rom und von Rom nach Syrakus gegangen bin, vertritt im Gegensatz dazu folgende Meinung über Palästina-Reisen (Dankbarer Abschied, München 1981, S. 62):

»*Ich versprach mir davon (nämlich: über die Straßen des »heiligen Landes« zu laufen) keine eigentliche Förderung für das, was mich wesentlich interessierte, und ich neigte immer dazu, dem Urteil Bultmanns zuzustimmen, der zeitlebens die Ansicht vertrat, keiner der zahlreichen Orientfahrer seit Renan habe auf Grund seiner Reiseeindrücke auch nur einen einzigen Satz des Neuen Testamentes verständlicher gemacht.*«

Auch M. Luther ist annähernd derselben Meinung. Er schreibt (Erlanger Ausgabe LXI, 161):

»*Denn nach dem Grab, da der Herr in gelegen hat, welches die Saracenen inne haben, fragt Gott gleich viel, als nach den Küen in der Schweitz' und itzt könnten wir rechte, christliche Wallfahrten thun, die Gott gefielen, im Glauben, nämlich wenn wir die Propheten, Psalmen, Evangelisten u.s.w. mit Fleiss läsen, da würden wir nicht durch der Heiligen Städte, sondern durch unsere Gedanken und Herz zu Gott spazieren, das ist das rechte gelobte Land und Paradies des ewigen Jerusalem.*«

Erasmus v. Rotterdam hingegen verteidigt in seinen »Colloquia Peregrinationum« (bes. Nr. 1) die zu den heiligen Stätten Pilgernden, und auch M. Luther schrieb 1530, als er dem Jerusalempilger Hans von Sternberg seine Auslegung des 117. Psalmes übersandte, doch etwas freundlicher: »*Ich wünsche aber, daß solch und dergleichen Buchlin euch wohl gefallen und daß euer Herz eine besser seliger Wallfarth drinnen finde, denn diejenige, so Ihr zu Jerusalem etwa gethan habt. Nicht dass ich solch Wallen verachte – denn ich möchte selbst solche Reise gern thun, und nu ich nicht mehr kann, höre und lese ich doch gern davon, wie ich denn euch auch neulich mit Lust so gern und fleißig zuhöret.«* (Doktor Martin Luthers Deutsche Briefe, Leipzig 1908, S. 201)

Zu den heiligen Stätten zu pilgern wird in außerordentlich vielen Schriften des Mittelalters gepriesen (s. R. Röhricht, Die Pilgerfahrten vor den Kreuzzügen).

Die katholische Auffassung über das Pilgerwesen, speziell über die Jerusalemreisen, finden ihren klassischen Ausdruck im Concilium Tridentinum, sessio XXV. Bellarmin (*1542, †1621), der sich in seinem Werk »De controversiis« auf diese sessio XXV bezieht, schreibt in Bd. 2, Buch 3, Kapitel 8, über das Pilgern: »*Pilgerschaften sind fromm und religiös. Nach Dtn 16 mußten die Israeliten dreimal im Jahr zum Heiligen Zelt oder zum Tempel. Auch große Gestalten des Alten Testamentes pilgerten nach Jerusalem. Im Neuen Testament (Apg 8) der Äthiopier; auch Paulus eilt nach Jerusalem (Apg 21); darauf verweist Hieronymus im Brief 17 an Marcella und zeigt, daß das Wallfahren gut ist. Dazu ein Beweis aus der Vernunft. Aus der Nützlichkeit des Wallfahrens ergeben sich drei Güter:*

Erstens ist es ein Erweis der Ehre Gottes und der Heiligen und das nicht nur mittelmäßig. Wallfahren ist ein deutliches Zeichen der Verehrung Gottes und der Heiligen, da Arbeit, Mühe und Gefahren des Weges freiwillig übernommen werden.

Zum Zweiten ist es ein Werk der Buße und der Heiligung, das mühsam und in Wahrheit ein Bußwerk ist.

Drittens mehrt es die Frömmigkeit. Die Neuheit hilft die Frömmigkeit zu wecken.

Allerdings ist Wallfahren nicht notwendig zum Heil oder zur Vervollkommnung. Sie ist nicht allen angemessen, sondern nur den reichen Männern, denen wenig Gefahr droht.

Frömmigkeit ist überall möglich. Aber es ist nicht zu leugnen, daß etwas in Jerusalem ist, was die Frömmigkeit unterstützen kann, was so wo anders nicht gefunden wird: nämlich das

Grab des Herrn und jene Heiligen Orte, über die der Herr schritt.«

S. Runciman schließlich schreibt in seinem Buche »Geschichte der Kreuzzüge«, S. 38:

»Der Wunsch, ein Pilger zu sein, ist tief in der Natur des Menschen verwurzelt. Selbst dort stehen, wo jene einst standen, die wir verehren, und mit eigenen Augen die Stätten zu betrachten, an denen sie geboren wurden, wirkten und starben, verleiht uns ein Gefühl mystischen Zusammenhangs mit ihnen und ist handgreiflicher Ausdruck unserer Huldigung.«

Neben dieser frommen und sehr idealistischen Ansicht darf auch auf die natürliche Seite des Gehens hingewiesen werden. Johann Gottfried Seume (1763–1810) ist durch seinen »Spaziergang nach Syrakus im Jahre 1802« (Leipzig 1803) berühmt geworden, in dem er seinen Fußmarsch von Dresden nach Syrakus beschrieb; er ist auch nach Rußland und Schweden gewandert und hat diese Reise in der kleinen Schrift »Mein Sommer« beschrieben. In der Einleitung zu dieser Schrift sagt er sehr markante Sätze über das »Zu-Fuß-Gehen«. Er schreibt (in: J.G. Seume, Prosaschriften, S. 638):

»Diesmal habe ich nur den kleinsten Teil zu Fuße gemacht, ungefähr nur hundertfünfzig Meilen. Lieber wäre es mir und besser gewesen, wenn meine Zeit mir erlaubt hätte, das Ganze abzuwandeln. Wer geht, sieht im Durchschnitt anthropologisch und kosmisch mehr, als wer fährt. Überfeine und unfeine Leute mögen ihre Glossen darüber machen nach Belieben; es ist mir ziemlich gleichgültig. Ich halte den Gang für das Ehrenvollste und Selbständigste in dem Manne und bin der Meinung, daß alles besser gehen würde, wenn man mehr ginge. Man kann fast überall bloß deswegen nicht recht auf die Beine kommen und auf den Beinen bleiben, weil man zuviel fährt. Wer zuviel in dem Wagen sitzt, mit dem kann es nicht ordentlich gehen. Das Gefühl dieser Wahrheit scheint unaustilgbar zu sein. Wenn die Maschine steckenbleibt, sagt man doch noch

immer, als ob man recht sehr tätig dabei wäre: ›Es will nicht gehen.‹ Wenn der König ohne allen Gebrauch seiner Füße sich ins Feld bewegen läßt, tut man ihm doch die Ehre an und spricht nicht anders als: ›Er geht zur Armee; er geht mit der Armee, nach der Regel a potiori.‹ Sogar wenn eigentlich nicht mehr vom Gange die Rede sein kann, behält man zur Ehrenbezeigung doch noch immer das wichtige Wort bei und sagt: ›Der Admiral geht mit der Flotte und sucht den Feind auf‹; und wo die Hoffnung aufhört, spricht man: ›Es will nicht mehr gehen.‹ Wo alles zuviel fährt, geht alles sehr schlecht, man sehe sich nur um! Sowie man im Wagen sitzt, hat man sich sogleich einige Grade von der ursprünglichen Humanität entfernt. Man kann niemand mehr fest und rein ins Angesicht sehen, wie man soll, man tut notwendig zuviel oder zuwenig. Fahren zeigt Ohnmacht, Gehen Kraft.«

Dem Menschen ist aufgrund seiner Konstitution und der Stellung in seiner Umwelt das Laufen auf den Leib geschnitten. In unseren motorisierten und technisierten Zeiten verkümmern die im Menschen zur Nahrungssuche angelegten Gliedmaßen in einem Umfang, daß es leicht zu physischen und vor allem psychischen Schäden kommt. Dem Hang der Natur folgen und wieder einmal die Füße einsetzen, in freier Luft gehen, Hitze und Kälte ausgesetzt sein, schließlich auch den zuweilen belastenden Ballast unseres Besitzes zurücklassen und ein »evangelisch-bedürfnisloses Leben« führen können, fasziniert und beglückt in einem hohen Maße – geistig und körperlich. Die abendländische Form der Meditation – die des Pilgerns – kommt dem Menschen in seiner Grundkonstitution sehr entgegen. Es darf schließlich nicht übersehen werden, daß schon Jesus selbst mit seinen Jüngern ein Leben »unterwegs« führte und christliche Missionare in alle Gegenden der ganzen Ökumene das »Evangelium« brachten und dabei enorme Strecken zu Fuß zurücklegten. Allein der Apostel Paulus hat bei seinen Missionsreisen ca. 14 000 km zurückgelegt.

Pilgerberichte

Abgesehen davon, daß in den vor-christlichen Jahrhunderten Juden aus allen damals bewohnten Ländern nach Jerusalem gepilgert sind, gibt es von früh an das christliche Pilgern in das Land, wo Jesus gelebt hat und gestorben ist. Der Brauch ist bis heute nicht abgerissen; freilich hat die moderne Reise-Technik ihn von Grund auf verändert. Ein paar von den berühmten alten Reise-Berichten will ich in aller Kürze nennen.

Pilgerfahrten ins Heilige Land gibt es ungefähr seit dem 4. Jahrhundert. Die Mutter Kaiser Konstantins, die Kaiserin Helena, »die erhabenste und erfolgreichste unter den großen Archäologen der Welt« (S. Runciman, Geschichte der Kreuzzüge, S. 39), kam nach Palästina, ließ Golgotha freilegen und andere Stätten der Passion Jesu. Alsbald begann die Wallfahrt zu diesen Heiligen Stätten.

Bereits aus dem Jahr 333 haben wir den Bericht eines Pilgers, der den Weg von Bordeaux nach Palästina beschreibt. Kurz darauf entstand die Reisebeschreibung der Nonne Etheria (um 400), die auch unter dem Namen der hl. Sylvia von Aquitanien bekannt ist.

Aus der Zeit um 404 stammt der Pilgerbericht des hl. Hieronymus über die Pilgerfahrt einer vornehmen Römerin, namens Paula, und ihrer Tochter Eustochium. Sie reiste mit einem ansehnlichen Gefolge von Frauen über Cypern nach Antiochia, traf dort Hieronymus und begann in seiner Begleitung die Wallfahrt durch Palästina und Ägypten, die im Sommer 386 in Bethlehem endete (vgl. H. Donner, Pilgerfahrt ins Heilige Land, S. 139).

Um 570 entsteht ein Bericht von einem Jerusalem-Pilger aus Piacenza. »Es gibt in der ganzen Pilgerliteratur nichts Kurzweiligeres zu lesen als Etheria und den Pilger von Piacenza – in dieser Reihenfolge!« (ebd., S. 241).

Des weiteren gibt es aus der Zeit um 680 den Bericht eines gallischen Bischofs Arkulf, der auf der Heimfahrt durch einen

Sturm an die Westküste Britanniens verschlagen wurde und dem gelehrten Abt Adomnanus des Klosters Iona alles Sehenswerte über die heiligen Orte erzählte, der das dann schriftlich niederlegte.

Aus dem 8. Jahrhundert stammt der Bericht des englischen Mönches Willibald über eine Wallfahrt nach Jerusalem; dieser starb 787 als erster Bischof von Eichstätt und wird als Heiliger verehrt. Seine Pilgerreise dauerte vier Jahre, von 723 bis 727. Die Nonne Hugeburc schreibt nach Diktat des hl. Willibald (am 23. Juni 778) über diese Wallfahrt, die ihn nach Jericho, Gilgal, zum Berg Tabor, nach Kana, Nazareth, nach Bethlehem und schließlich nach Jerusalem geführt hat. Dabei bringt die Nonne auch eine bemerkenswerte Schmuggelgeschichte über den Heiligen. Sie berichtet, daß Willibald kostbaren Balsam unter den Nasen der Zollbeamten von Tyrus auf das Schiff schmuggelte, das ihn nach Konstantinopel bringen sollte. Dabei hatte sich Willibald eine geniale Täuschung der Zöllner ausgedacht. Er hatte sich einen hohlen Stock gekauft und ihn mit Balsam gefüllt. Er steckte ihn in eine lange, bauchige Kürbisflasche, die er bis oben mit Paraffinöl füllte und verkorkte. »Und die Zöllner durchsuchten sein gesamtes Gepäck, um zu entdecken, ob er etwas verborgen hätte, und, falls sie etwas gefunden hätten, ihn unverzüglich mit der Folter zu bestrafen (martyrizarent).« Im Bericht heißt es weiter, daß die Zöllner bei ihrer Untersuchung sogar den Kork aus der Flasche zogen, aber sie rochen nur das Öl und nicht den Balsam. Da ließ man von ihm ab (A. Bauch, Das Willibald-Leben, S. 71). Es wird auch berichtet, daß Willibald und seine Gefährten in Emesse (das heutige Homs) ins Gefängnis kamen, »denn man wußte nicht, von welchem Volke sie waren, sondern man glaubte, sie wären Spione« (ebd., S. 51).

Erst durch Vermittlung eines Spaniers, dessen Bruder Kämmerer beim König der Sarazenen war, wurden sie freigelassen und bekamen die Erlaubnis, den Weg nach Jerusalem nehmen zu dürfen.

Wie kam man ins Heilige Land?

Im 10. Jahrhundert kam die Wallfahrtsbewegung ins Heilige Land richtig in Schwung. Die Araber wurden von ihren letzten meerbeherrschenden Bastionen in Italien, Südfrankreich, Kreta zurückgedrängt. Die byzantinische Flotte beherrschte wieder das Mittelmeer. Zudem machten die arabischen Behörden in Palästina, obwohl muslimisch, den ankommenden Fremden aus dem Westen kaum mehr Schwierigkeiten; »ja, die Reisenden waren ihnen auf Grund des Wohlstandes, den sie in die Provinz brachten, ausgesprochen willkommen« (S. Runciman, Geschichte der Kreuzzüge, S. 43).

Wenn auch die äußeren politischen Hindernisse einer derartigen Pilgerreise jetzt nicht mehr den Weg grundsätzlich unmöglich machten, so war die Reise immer noch lang und entbehrungsvoll genug. Immer öfter bekamen Poenitenten nach schweren Vergehen wie Mord und Raub als Buße die Wallfahrt nach Palästina (oder Rom, Monte Gargano, Santiago de Compostela) auferlegt. Richtig vermerkt hier S. Runciman (ebd., S. 44):

»Es war klug, einen Verbrecher auf ein Jahr oder länger vom Ort seiner Missetat fernzuhalten. Die Unbequemlichkeiten und Kosten seiner Reise waren eine Strafe für ihn, während die Erfüllung der ihm gestellten Aufgabe sowie die gefühlsbewegende Atmosphäre seines Reiseziels ihm das Bewußtsein seelischer Reinigung und Stärkung verliehen. Er kehrte als besserer Mensch zurück.«

Durch die Bekehrung der Herrscher Ungarns zum Christentum im 10. Jahrhundert, wurde für westeuropäische Palästinapilger der Weg zu Land frei.

Der Pilger konnte also von Passau aus mit dem Schiff bis Belgrad fahren und dort zu Land über Adrianopolis nach Konstantinopel oder nach Thessaloniki und dann auf der Via Egnatia bis zum Bosporus reisen, und von dort durch Anatolien über die Kilikische Pforte nach Tarsus und nach Antiochia in Syrien.

Arabisches Gebiet wurde erst betreten bei Tortosa (heute Tartous) – übrigens die einzige Grenze, die ein abendländischer Pilger damals überschreiten mußte.

Wie anders ist das heute! Sieben Grenzen sind zu passieren, und an jeder dieser Grenzen gibt es Überraschungen besonderer Art; gar nicht zu reden von der Grenze von Syrien nach Israel auf den Golanhöhen, die im allgemeinen als unüberschreitbar gilt!

Mein Weg nach Jerusalem

Der Plan, von Passau nach Jerusalem auf alten Pilgerstraßen und Pauluswegen zu gehen, stand schon längere Zeit fest.

Wie war ich darauf gekommen? Nach Jerusalem zu Fuß zu gehen, ist ja eben, trotz J. G. Seume, kein »Spaziergang«! Begonnen hatte es damit, daß mich noch in der Zeit meines Studiums, kurz vor der Promotion zum Dr. theol., in einer Zeit ziemlicher Bedrängnis also, die Lust zu einem kräftigen Marsch überkam. Nach vielem Hinter-den-Büchern-Sitzen wieder einmal ausgiebig zu laufen, nichts anderes zu tun als von früh bis abends zu gehen, Leib und Seele auszulüften, die Augen auszuputzen: das müßte guttun! So ging ich zu Fuß von Bologna nach Rom. Ich war begeistert von diesem Weg, und der ganze Marsch hat mich sehr aufgebaut. Begeistert war aber auch mein Lehrer, Otto Kuss, als ich ihm davon erzählte, und wenig später fragte er mich, ob ich bereit sei, mit ihm zu Fuß von München nach Rom zu gehen. Ich war bereit. Am 1. September 1967 begannen wir an der Münchener Universität um 6 Uhr früh unseren Weg. Es ist nicht mein Vorhaben, hier darüber zu berichten. Aber auf diesem Wege fiel – genau am 17. September mittags bei einem guten Essen mit noch besserem Wein in Greve in Chianti (!) – der Entschluß, später einmal von dem Ort aus, an dem ich als Professor tätig sein würde, zu Fuß nach Jerusalem zu gehen.

Und nun – ich war nach Passau, dem Ort meiner Studienanfänge, zurückgekehrt als Professor an der Phil.-Theol. Hochschule – wollte ich den neuen Lebensabschnitt durch den Pilgerweg nach Jerusalem markieren und meinen Vorsatz einlösen.

Einem Neutestamentler liegen Paulus und seine Reisen nahe; so war leicht eine zusätzliche Begründung gefunden: Gehen, wo Paulus gegangen ist. Die zeitliche und räumliche Distanz zu ihm zu überbrücken, brauchte es den Weg von Passau, wohin der Vielgereiste denn doch nicht gekommen ist, nach Thessaloniki; von da ab war meine Route durch Berichte der Apostelgeschichte und durch die Paulus-Briefe vorgezeichnet; also:

PASSAU – WIEN – BUDAPEST – BELGRAD – SERBISCHER KLOSTERWEG – SKOPJE – VARDAR-SCHLUCHT – GRIECHISCHE GRENZE – POLIKASTRON – PELLA – THESSALONIKI – KAVALLA (NEAPOLIS) – PHILIPPI – XANTHI – KOMOTINI – ALEXANDROPOLIS – TÜRKISCHE GRENZE (IPSALA) – GELIBOLU – ÇANAKKALE – TROJA – TROAS – ASSOS – EDREMIT – BERGAMA – IZMIR – EPHESUS – MÄANDERTAL – LAODIZEA – HIERAPOLIS – KOLOSSÄ – ISPARTA – ANTIOCHIA IN PISIDIEN – IKONIUM – LYSTRA – DERBE – ÜBERSCHREITEN DES TAURUS – KILIKISCHE PFORTE – TARSUS – ADANA – ISKENDERUN – ANTAKYA (ANTIOCHIA AM ORONTES) – HALEP – HAMA – HOMS – DAMASKUS – QUNAÏTRA – GOLANGEBIET – OBERES JORDANGEBIET – SEE GENESARETH – JORDANTAL – JERICHO – JERUSALEM.

Es war eine Gesamtstrecke von ca. 5000 km zu bewältigen, von denen ich aus politischen Gründen 300 Kilometer durch Ungarn und 300 Kilometer in Syrien nicht zu Fuß gehen durfte. Es waren also ca. 4000 Gehkilometer zurückzulegen. Die benötigte Zeit betrug insgesamt dreieinhalb Monate; ich mußte sie in drei Etappen einteilen, weil ja auch ein Professor nur begrenzte Ferien hat.

Ist mit den Straßen und Tagesstrecken mein Weg ausreichend beschrieben? Gewiß nicht. Es war mir, als ich den Plan zur Pilgerfahrt schmiedete klar, daß es ein Weg durch mindestens zwei Welten und Zeiten werden würde: die heutige Welt, zum großen Teil auf dem Asphalt der modernen Autostraßen, von Autos aller Kaliber umbraust, und die antike Welt des Paulus. Ja, an vielen Orten würde ich noch tiefer in die Geschichte zurückgehen müssen, in Kulturen und Welten hinein, die lange vor Paulus geblüht haben. So wird, während die Füße modernen Asphalt treten, der Kopf häufig in eine Welt schauen, die Jahrtausende zurückliegt. Der Leser wird Gelegenheit haben, mir dabei zu folgen.

Passau, der Ausgangspunkt

Bei einem Pilgerweg, der von Passau nach Jerusalem führt, ist es angebracht, auch die Stadt des Aufbruchs angemessen ins rechte Licht zu rücken. Stimmen des Lobes über Passau, über seine einzigartige landschaftliche und bauliche Schönheit, gibt es genug. Vielen geschichtlich bedeutsamen Persönlichkeiten hat Passau begeisterte Worte entlockt. Schon der weltkundige kaiserliche Geheimsekretär, Aeneas Silvius Piccolomini, der spätere Papst Pius II. (1458–1464), schildert Passau als »praeclara divesque civitas«, als hervorragende und reiche Stadt. Der weitgereiste Alexander v. Humboldt schließlich soll Passau zu den sieben schönsten Städten der Welt gezählt haben.

»Das ist das Seltsame und Einzigartige an Passau, der Grenzstadt Bayerns und des Reiches gegen Anfang, daß sich an seiner Ortsspitze drei Flüsse, jeder aus einer anderen Richtung kommend, in einem Punkte treffen, geschwisterlich umarmen und mit vereinten Kräften weiterwallen. Nirgends in deutschen Landen, nirgends in der weiten Welt wiederholt sich dieses Naturspiel. Es ist ein Begebnis einmaliger Art und deshalb trägt Passau mit Recht den Namen der Dreiflüssestadt. Überwältigend muß der Anblick dieser ewig schönen Lage auf den Fremden wirken und so genießt die Stadt auch mit Recht den Ruf des ›bayerischen Venedig‹.« Der mit so hymnischen Worten Passaus Loblied sang, war kein geborener Passauer, es war ein Waldler, der Dichter Franz Schrönghamer-Heimdal, 1881 in Marbach bei Eppenschlag geboren und 1962 in Passau gestorben.

Einem, der sich anschickt, von dieser Stadt aus zu Fuß nach Jerusalem zu gehen, drängt sich vor allem auch der Gedanke an die auf, die von dieser Stätte aus ins Heilige Land aufgebrochen sind.

Im Herbst des Jahres 1064 brach eine Heerschar von mehr als 12 000 Pilgern aus vielen deutschen Landen unter Führung des Erzbischofs Siegfried von Mainz und Gunthers von Bamberg, sowie der Bischöfe Wilhelm von Utrecht und Otto von Regensburg ins Heilige Land auf, teils zu Schiff und teils zu Pferd donauabwärts. Natürlich führte der Weg dieser glanzvollen Pilgerschaft – viele Prinzen, Herzöge, Grafen, Ritter und edle Damen waren dabei – durch Passau. Man wollte Jerusalem rechtzeitig zum Weltuntergang erreichen, welcher laut Berechnungen am 27. März des Jahres 1065 stattfinden sollte (N. Foster, Die Pilger, S. 140 f.). Zeitgenössische Überlegungen beriefen sich für diese Berechnungen auf die Texte der Geheimen Offenbarung (20, 1–3 und 20, 7.8).

Unter diesen Pilgern war auch Altmann, aus Paderborn stammend, der nach seiner Rückkehr aus dem Hl. Land Bischof von Passau wurde (1065–1091). Über diese Pilgerfahrt heißt es in der »Vita Altmanni« (geschrieben von einem Mönch des Klosters Göttweig zwischen 1125–1141): »Auf ihrer gefährlichen Reise hatten die Pilger unter den Nachstellungen der Heiden zu leiden; zahlreiche Gefährten und viel Hab und Gut verloren sie. Welch ein Frevel! Die Feinde Christi sprangen sogar auf den Rücken der Priester Christi und jagten sie reitend auf dem Gefilde umher, wobei sie ihnen wie Pferden mit den Sporen hart zusetzten ... Unter zahlreichen Widerwärtigkeiten kamen sie endlich nach Jerusalem. Dort verrichteten sie ihre Gebete und traten hierauf hochgemut den Heimweg an.«

Doch mehr als zwei Drittel dieses Pilgerheeres kam in den Kämpfen mit den Muselmanen um. Der katastrophale Ausgang dieses Pilgerzuges erschütterte Europa, und es wurde der Gedanke laut, die heiligen Stätten Palästinas durch einen gemeinsamen, großen bewaffneten Kreuzzug des Abendlandes aus den Händen der Ungläubigen zu befreien. Im November des Jahres 1095 rief Papst Urban in Clermont in Südfrankreich zu einem solchen Kreuzzug auf. Die versammelte Menge erhob sich wie ein Mann und brach in den Ruf aus: »Dieu lo volt« (»Gott will es«) – ein Ruf, der dann über 200 Jahre durch ganz Europa widerhallen sollte. Im Jahre 1096 zog ein Kreuzzugsheer in fünf Kolonnen nach Konstantinopel. Zumindest die deutsche, wahrscheinlich auch die flandrische und die französische Heersäule benutzte die Donau für ihren Weg ostwärts und kam durch Passau. Auch beim zweiten Kreuzzug (1147/49), zu dem im Jahr vorher Bernhard von Clairvaux in Vézélay aufgerufen hatte, zogen deutsche Heerhaufen unter der Führung König Konrads III. entlang der Donau nach dem Osten. Bischof Reginbert von Passau (1138–1147/48) schloß sich dieser Kreuzfahrerschar an. Auf der Rückreise vom Hl. Land starb er (1147/48) an einem nicht mehr bekannten Ort an der unteren Donau.

Beim dritten Kreuzzug (1189–1191) kam Kaiser Friedrich Barbarossa, bereits 70 Jahre alt, von Regensburg her mit seinem Kreuzfahrerheer auf Schiffen nach Passau und fuhr weiter nach Wien und Belgrad. Von dort zog er dann über Land nach Adrianopel – Konstantinopel – Ikonium. Sein Ende fand dieser sagenumwobene Kaiser beim Überqueren des Flüßchens Saleph (Kalykadnos). Auch diesem Kreuzzug hatte sich ein Passauer Bischof angeschlossen, Diepold (Theobald) Graf von Berg (1172–1190), samt dem Domdekan Tageno, fünf weiteren Domherren und zahlreichen Vasallen, darunter der niederbayerische Minnesänger Albrecht von Johannsdorf (Jahrstorf), der mit seinen Liedern für die Jerusalemwallfahrt warb. Freilich mußte der Dichter selbst sich sehr viel Gewalt antun, das

»Kreuz« zu nehmen und nach Jerusalem zu ziehen, denn er ließ ein vielgeliebtes Weib zu Hause, das viel Kummer über ihn haben würde, und ebenso er, daß sich ihr Sinn nicht verkehre und sie einen anderen Mann in seiner Abwesenheit suche:

»Ich hañ dur got daz kriuze an mich genomen
und var dâ hin durch mine missetât.
nu helfe er mir, ob ich her wider kome,
ein wip diu grôzen kumber von mir hât,
daz ich sie vinde in êren:
so wert er mich der bete gar.
sul aber siu ir leben verkêren,
sô gebe got daz ich vervar.«

kumber von mir hât	= Kummer haben um meinetwillen (durch mich)
wert	= gewähre
bete	= Bitte
leben verkêren	= Lebenswandel ändern
vervar	= verlorengehen, verderben

Von Bischof Diepold ist ein Reisebericht erhalten, den er an seinen Freund Herzog Leopold V. von Adrianopel aus schrieb. Von seinem Domdekan Tageno sind noch eingehendere Aufzeichnungen auf uns gekommen. Beide Schriften sind uns in einer aus dem böhmischen Prämonstratenserkloster Mühlhausen stammenden, jetzt in Prag befindlichen Handschrift erhalten. Sie gehören zu den bedeutendsten zeitgenössischen Quellen für die Geschichte des dritten Kreuzzuges und der bairisch-österreichischen Donaulandschaft jener Zeit. F. X. Eggersdorfer (in: J. Oswald, Passau in Geschichte und Kunst, S. 34) konstatiert lakonisch: »Am 15. Mai des Jahres 1189, dem ersten Bittag, zog Kaiser Friedrich Barbarossa mit 30000 Rittern, dem Passauer Bischof Diepold und sechs seiner Kanoniker in den Kreuzzug und keiner kehrte zurück, auch nicht der Chronist des Kreuzzuges, Domdekan Tageno.« Bischof Diepold starb an der Pest in Tripoli (im heutigen Libanon); sein Leichnam wurde in Akko beigesetzt. Domdekan Tageno und die anderen Domherren starben ebenfalls an dieser Pest und wurden in Tripoli begraben.

Noch ein dritter Passauer Bischof zog auf dem Donauweg hinunter als Heilig-Land-Wallfahrer, nämlich Ulrich (1215 bis 1221), der Erbauer des Passauer Oberhauses. Er ließ im Heiligen Land oder auf dem Weg dahin sein Leben wie alle prominenten Passauer Kreuzfahrer vorher.

Die Geschichte der Kreuzzüge ist das eine, was in »historischer Meditation« auf dem Wege nach Jerusalem einen beschäftigt; die andere Seite der Medaille drängt sich aber auch dauernd ins Bewußtsein: Der Mißerfolg der europäischen Kreuzzugspolitik hat schließlich den Halbmond zur Gegenoffensive gelockt. Sie setzt im 14. Jahrhundert unter Sultan Osman (1259–1326) ein, währte beinahe 400 Jahre und brachte den Südosten Europas in türkische Botmäßigkeit. Schon während der ersten Hälfte des 14. Jahrhunderts werden die Länder an der unteren Donau (Bulgarien, die Walachei und Serbien) unterworfen. Um 1400 unternahmen die osmanischen Horden sogar Streifzüge in die Steiermark und nach Kärnten. Im Jahre 1453 fällt das letzte Bollwerk der christlichen Welt im Nahen Orient, Konstantinopel, die Hauptstadt des tausendjährigen griechisch-byzantinischen Reiches. Unter Sultan Suleiman II. (1520–1566) erreichte der »Türkenschreck« auch in den mitteleuropäischen Ländern einen ersten Höhepunkt. Die ungarischen Streitmächte werden 1526 bei Mohács vernichtet; im selben Jahr wird Wien belagert, doch Graf Niklas von Salm gelingt es, die Stadt vor dem Zugriff Suleimans zu bewahren. Unter dem Großwesir Kara Mustafa wurde Wien 150 Jahre später ein zweites Mal – vom 15. Juli 1683 an – von den Türken belagert. Ein Strom von Flüchtenden kam die Donau herauf nach Passau, darunter auch Kaiser Leopold I. Am 12. September 1683 wurde die entscheidende Schlacht zur Befreiung Wiens geschlagen. Diese Türkenkriege setzen sich in den kommenden Jahrhunderten fort: Erst die Befreiungskriege in Serbien und Kroatien, schließlich in Mazedonien, dann in Thrakien (heutige Grenze am Ebrus). Geschichtsträchtige Straßen auf dem Wege nach Jerusalem – gewiß. Aber die Wege und Stätten, wo Paulus 1900 Jahre früher ging und predigte, geben noch viel mehr zum Bedenken.

I. ETAPPE

VON PASSAU ÜBER WIEN BUDAPEST–BELGRAD NACH THESSALONIKI (SALONIKI)

Die erste Strecke von Passau die Donau entlang über ST. FLORIAN – MARIA TAFERL – MELK – AGGSTEIN – MARIA LANGEGG – GÖTTWEIG – TULLN – WIEN – ist bekannt genug, was die Städte, Klöster und Kirchen betrifft.

Was freilich einen Pilger betrifft, der den Weg zu Fuß macht, ist gerade diese erste Etappe von einprägsamster Erinnerung. Die Füße und der ganze Körper, an das Laufen nicht gewöhnt, müssen eine Metamorphose durchmachen: die Verwandlung von einer mehr auf das Sitzen zugeschnittenen Lebensweise auf eine mit Belastung der Füße, und zwar einen ganzen Tag lang, also bis zu 10–12 Stunden, wenn man im Schnitt an die 50 km zurücklegen will. Die Füße quellen auf und sind brennend heiß, besonders in der Nacht. Die Folgen sind Blasen an den Füßen und überhaupt eine wenig zu Begeisterung neigende Befindlichkeit. Hansaplast auf die Blasen und eiserner Wille sind die einzige Therapie für die erste Phase des Pilgerweges.

Solche »Leiden« sind aber auf jeden Fall notwendig, um aus der alten Befindlichkeit auszubrechen, die alte Schwere zu verlieren, sich in einer Roßkur zu reinigen ›wie durch Feuer hindurch‹ (1 Kor 3,15). Leiden, stärkste Beanspruchung des Lebens, scheint uns zugemessen zu sein. Es scheint, daß es höchste Ekstasen des Lebens, Euphorie und Beseligung ohne diese Kehrseite des Leidens nicht gibt, daß aber umgekehrt ein Einsatz für hohe Ziele erst stattfinden kann, wenn man sich über die Einengung durch Körper und seine Gesetze buchstäblich hinwegzusetzen vermag.

Aufbruch

Am Freitag, den 16. März 1973, beginne ich meinen Weg. Um 6 Uhr früh verlasse ich meine Wohnung (damals Jesuitengasse 9). Es verspricht ein schöner Frühlingstag zu werden. Im Stephansdom lege ich eine Minute der Besinnung ein; schließlich werde ich auf dem Wege bis Budapest viele Stephanskirchen sehen, die ihre Gründung auf Passau zurückführen. Weiter geht es über die Innbrücke. Ich ziehe es vor, auf dem kleinen Pfad entlang der am Inn verlaufenden Eisenbahnlinie zu gehen, um recht lange einen offenen Blick auf die Altstadt von Passau zu

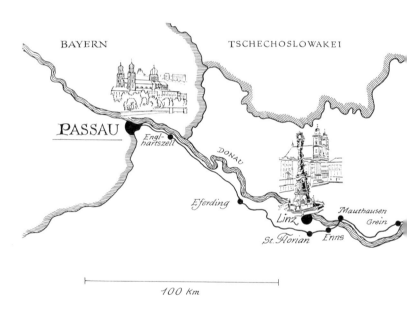

haben. Kurz vor der Kräutelsteinbrücke ein letzter Blick auf die Stadt, die hier wie ein Schiff schwimmend daherzukommen scheint. In Achleiten passiere ich die Grenze nach Österreich, und dann geht es auf der Nibelungenstraße donauabwärts, vorbei an der geisterumwitterten Burg Krempelstein (im Volksmund »Schneiderschlößl« genannt). Mein Blick richtet sich aber fortwährend hinüber auf die bayerische Seite, nach Erlau und schließlich nach Obernzell, wo dann bald beidseitig der Donau das Land österreichisch ist ... und immer mehr, so denke ich, wird mich die Fremde einnehmen, die Pußta in Ungarn, der Balkan, die Türkei, Syrien, um dann in mir vertrautes

Gebiet zu kommen, an den Jordan, an den See Genesareth, in die Wüste Judäas und schließlich nach Jerusalem. Aus diesen Gedanken riß mich ganz plötzlich eine rauhe Zöllnerstimme – ich passierte gerade die Mautstelle vis à vis von Obernzell: »Da kommen's her, Ihren Ausweis!« Ich war ganz verdutzt, daß ich noch einmal kontrolliert werden sollte; das geschah doch schon am Grenzübergang hinter Passau. Ganz streng musterte der Zöllner meinen Paß und fragte dann: »Wo kommen's her?« Ich: »Aus Passau.« Er: »Wo sind Sie über die Grenze?« Mir fiel in der Verdutztheit und auch im aufsteigenden Unmut der Name des Grenzortes nicht ein und ich sagte einfach: »Da oben, von wo die Straße herkommt!« Darauf er: »Von Passau möchten Sie sein und wissen nicht einmal, wo Sie über die Grenze sind?« Der Zöllner stellt in noch barscherem Ton noch einmal die gleichen Fragen und schließlich auch die: »Und wo gehen Sie hin?« Ich ganz ruhig: »Nach Jerusalem!« Jetzt platzte meinem guten Grenzer vollends der Kragen; er fühlte sich gehänselt und sprach von Beamtenbeleidigung und von Mich-festnehmen-müssen. Ganz langsam und ruhig konnte ich ihn schließlich von meinem Vorhaben überzeugen, und wir schieden ganz friedlich mit gegenseitig guten Wünschen.

Hier klingt bereits eine Seite meines Pilgerunternehmens an, die mir künftig noch viel Unbehagen bringen sollte: Man glaubt einfach heute nicht mehr an solche Unternehmen und man versteht sie auch nicht mehr. An fast allen Grenzen und dann auch in den meisten Ländern selbst hatte ich mit der Polizei und dem Militär größte Schwierigkeiten.

Nach dieser ersten kleinen Pilgerepisode ging ich, innerlich vergnügt über diesen Vorfall, weiter der Donau entlang, vorbei an Pyrawang und Engelhartszell. Die Donau fließt hier sehr viel ruhiger, manchmal scheint sie wie ein stehendes Gewässer zu sein. Der Staudamm von Jochenstein bewirkt diese »Bremsen«. Die Wälder reichen bis zur Straße herab. Es riecht in diesen Wäldern um diese Zeit ziemlich moderig. Dann wieder dehnen sich entlang der Straße Wiesen aus, um diese Zeit schön saftig

Obernzell. Ein letzter Blick auf heimisch vertrautes Land

Kloster Melk

Blick auf Wien mit dem Stephansdom

Budapest. Blick vom Schiff auf das Parlamentsgebäude

Der Pilger. Auf dem »serbischen Klosterweg« = Staatsstraße 1 von Belgrad nach Skopje

Schulkinder begleiten die Pilger staunend und viel fragend ein Stück des Weges

grün und mit ganzen Teppichen von Himmelsschlüsseln bewachsen. Dazwischen liegen Häuser in der dem Donautal eigenen Architektur: breite Fronten und abgewinkelte Walmdächer.

Hinter Schlögen führt die Nibelungenstraße von der Donau weg durch flaches sattes Altland mit viel Gemüsebau.

In Eferding komme ich erst gegen 10 Uhr abends an. Immerhin sind es von Passau bis hierher 65 km! Ich finde im Gasthof Kreuzmayr gutes Quartier.

Am Samstag (17.3.) gehe ich über Alkoven – an Linz vorbei – über Traun und Ansfelden (den Heimatort Anton Bruckners) nach St. Florian.

St. Florian

Ich kehre ein im Gasthaus ›Blaue Traube‹ nahe dem Kloster und nehme auch gleich Quartier für eine Nacht. Die Wirtin ist ganz angetan von meinem Unternehmen ›zu Fuß nach Jerusalem‹. Nach der Pflege meiner Füße besuche ich die sehenswürdigen Stätten in diesem Kloster: den Sebastiansaltar von Altdorfer und das Bruckner-Museum. Um 18 Uhr ist Vesper in der Klosterkirche, und vorher spielt der Organist Improvisationen auf der »Bruckner-Orgel«. Von den ganz großen Musikern fühle ich mich niemandem mehr als Bruckner verbunden.

Der andere ganz Große von St. Florian und ebenso visionär und zukunftweisend wie Bruckner ist Albrecht Altdorfer (* um 1480, † 1538). E. Trost (Die Donau, S. 176f.), schreibt über ihn sehr treffend: »Der spätere Regensburger Ratsherr und Stadtbaumeister hat die Donau bis hinunter nach Wien befahren, er hat in einer Innsbrucker Künstlerwerkstatt für Kaiser Maximilian, den letzten Ritter, gearbeitet und hat die Unruhe der neuen Zeit gefühlt, er und die anderen Maler des Alpenvorlandes in Regensburg, Passau, Krems, in Klosterneuburg und Wien. Die Zweifel an der Kirche, an ihren für

unverrückbar erscheinenden Normen, der neue Blick für das
›gemeine Volk‹, der mit dem Erkennen der Natur eins war,
das Erwachen eines sozialen Gewissens, dessen Resultat die
Bauernkriege waren, die Bedrohung der Sicherheit durch das
Näherrücken der Türken – all das ist in diesen Bildern enthalten, Angst und Romantik, Grauen und Schönheit, revolutionäre, expressive Modernität und archaische Urgewalt.«

Am Sonntag (18.3.) bleibe ich in St. Florian. Am Montag
gehe ich sehr früh auf die Landstraße in Richtung Enns, dem
alten Lorch (Lauriacum). 1960 wurden unter der Kirche zum
hl. Laurentius, die auf freiem Feld steht, von einem Friedhof
umgeben, archäologische Grabungen eingeleitet. Das Ergebnis
war aufsehenerregend: Es fanden sich unter der heutigen Kirche die Fundamente einer frühchristlichen Basilika »mit einem
raffinierten Heizsystem für Fußböden und Wände, damit die
frommen Römer im rauhen Noricum auch beim Gottesdienst
nicht frieren mußten« (E. Trost, Die Donau, S. 181 f.). Einen
Stock tiefer wurden aber Reste eines römischen Tempels freigelegt. Das ganze Ausgrabungsareal ist mit raffinierter Technik
hervorragend einsehbar, so daß man die Jahrtausende deutlich
in Schichten vor sich hat. Der hl. Severin führte hierher die
Bewohner von Boiotro zusammen mit den römischen Einwohnern vom Lager Quintanis (Künzing), als die Bedrohung dort
durch die eindringenden Awaren zu groß wurde. Er ließ alles
Volk auch um Lauriacum hinter den Mauern Schutz suchen
und organisierte einen Wachdienst gegen die plündernden Germanenstämme. In dieser großen Bedrängnis half ein »Wunder«: Ein Heuschober im Lager war in Brand geraten; die in
den Wäldern auf den Angriff wartenden Feinde glaubten, daß
man auf ihren für diese Nacht geplanten Überfall aufmerksam
geworden sei, und zogen ab. Später führte Severin die ganze
römische Bevölkerung nach Favianae (Mautern bei Krems). Etliche Jahre nach dem Tode Severins zogen die letzten seiner
»Jünger« aus Norikum heim in ihr südliches Land. Den Leichnam des hl. Severin nahmen sie mit.

An dem berüchtigten Mauthausen kann ich nicht vorbeigehen, ohne wenigstens an der Gedenkstätte einige Minuten zu verweilen; denn schließlich befindet sich unter den vielen Menschen, die hier umkamen, der Vater des kroatischen Studenten Josip Vidić, der mich ab Belgrad auf dem sogenannten »serbischen Klosterweg« bis Skopje begleiten sollte. E. Trost (Die Donau, S. 183 f.) beschreibt die grauenerregenden Vorgänge in diesem Lager: »Mehr als 300000 Menschen haben dieses Tor zwischen 1939 und 1945 durchschritten, weit über 100000 haben es lebend nicht mehr verlassen. Allein die pedantische Buchführung der SS verzeichnet 122767 getötete Häftlinge. Auf dem Appellplatz herrscht Totenstille, früher hallte er wider von Kommandorufen, und Tausende von Häftlingen aus ganz Europa standen bei stundenlangen Zählappellen in eisiger Kälte oder glühender Hitze stramm. Dann die verschiedenen Baracken zur ›Behandlung‹ der Häftlinge: die Wäscherei, die Küche, der ›Bunker‹, das Lagergefängnis, anschließend gleich die Verbrennungsanlagen; das Feuer in diesem Krematorium brannte Tag und Nacht. Der aus dem Kamin schlagende hohe Flammenschein war bis weit ins Donautal zu sehen. Ein ›Sezierraum‹, in dem den Leichen die Goldzähne ausgebrochen wurden, eine Stiege hinunter in den Keller zur ›Genickschußecke‹ – ein Größenmeßgerät mit einem Schlitz im Kopfbrett, durch den der tödliche Schuß abgefeuert wurde. Die nackte Sauberkeit der mit weißen Fliesen ausgelegten und als Bad mit Brausen und Wasserabfluß getarnten Gaskammer – und überall in diesen Werkshallen einer Todesfabrik kleine Bildchen, Tafeln, Kränze, Inschriften.«

Überträgt man die große Zahl der Geschundenen und Gemordeten so auf Einzelschicksale, wird einem vor diesem Mord-Inferno schwarz vor Augen. Den Rest des Weges bis Grein gehe ich sehr betroffen, obwohl die Landschaft sehr schön ist und das Wetter schon sehr frühlingshaft.

Dienstag (20.3.). Hinter Grein wird die Donau auf die Hälfte ihrer Breite zusammengedrängt: Schäumen und Tosen, Strudeln und Schwalle da und dort sind die Folge. Für die Schiffahrt war dieses Stück Donau das schwerste Hindernis zwischen Regensburg und Schwarzem Meer. Nicht einmal die Durchfahrt durch das Eiserne Tor weit unten in Rumänien war so gefürchtet. A. Stifter (Witiko, S. 215 f.) schildert eine Schiffsreise zu seiner Zeit durch diesen Engpaß bei Grein folgendermaßen: »Die Leute sagten, man komme zu den Stellen Strom und Wirbel, die den Schiffen sehr gefährlich seien. Alle sammelten sich nach und nach auf dem Dache des Schiffes. Als man zu der weißen Fläche gekommen war, stimmten die Menschen ein lautes Gebet an. Die Männer, denen die Leitung des Schiffes anvertraut worden war, späheten sorgsam, arbeiteten emsig, und lenkten das Schiff in ein schnelles und tiefes Wasser zwischen dem Inselthurme und der weißen Fläche, welche schäumendes tosendes Wasser über Geklippe war. Das Schiff ging geschwinde in dem tiefen Wasser hinunter, wurde um einen Fels gelenkt, und hinter dem Felsen sah man den Wirbel, der sich in großen Ringen drehte. Die Männer lenkten das Schiff an dem Rande der Ringe vorüber. Dann ruheten sie, blickten nach vorwärts, und ließen das Schiff in das breitere stillere Wasser hinaus gehen. Das Hilfegebet der Menschen verwandelte sich in ein Dankgebet. Als es geendiget war, erhielten die Männer, welche das Schiff gelenkt hatten, ihren Lohn, bestiegen den Kahn, fuhren wieder an das Ufer.« Selbst Hoheiten waren auf den Schiffen nicht vor Gefahren gefeit. Das Schiff mit Elisabeth aus dem Hause Wittelsbach, »höchstwelche am 21. April 1854 auf ihrer Donaubrautfahrt nach Wien hier in Passau von den bayrischen Landen Abschied nahm« (Inschrift am Rathaus zu Passau), kam hier in arge Bedrängnis. Die kaiserliche Dampfjacht setzte auf eine der Felskugeln auf, wurde leck und vom Kapitän mit letzter Kraft ans sichere Ufer gebracht. Schon unter Maria Theresia (Kaiserin von 1740–1780) wurden alle Anstrengungen unternommen, die Sicherheit für die Schiffahrt durch diese Stelle zu erhöhen, und im Friedensvertrag von St. Germain 1919 wurde von Österreich verlangt, durch ein

Stauwerk den Donaustrom für die moderne Schiffahrt auch passierbar zu machen. Erst mit dem Bau des Donaukraftwerkes Ybbs-Persenbeug 1954–1956 wurde diese Auflage verwirklicht.

Ich komme gegen Abend nach Marbach. Dieser Ort wird von der Wallfahrtskirche Maria Taferl auf dem Taferlberg überragt. Obwohl es schon etwas dämmrig ist, gehe ich den Weg nach Maria Taferl noch hinauf. Dort finde ich ein gutes Quartier. Noch diesen Abend und besonders am Vormittag des nächsten Tages habe ich Zeit zu den Wallfahrtsverrichtungen. Ich wundere mich, wie viele Menschen an einem gewöhnlichen Wochentag hierher wallfahrten. E. Trost (Die Donau, S. 197) schreibt: »Obwohl auch Kaiser und Fürsten auf den weich geschwungenen Berg über Marbach hinauf beteten, gehörte Maria Taferl stets dem Volk.« Und so ist es wirklich. So etwas Inbrünstiges an Pilgern findet man selten. Es ist der Waldviertel- und donauländische Mensch, der hier als Pilger vorherrscht.

Die Wallfahrten nach Maria Taferl setzten 1658 ein und sind bis heute populär geblieben. 1660 wird der Grundstein der von Jakob Prandtauer vollendeten Wallfahrtskirche gelegt. Die Namensgebung »Maria Taferl« ist auf eine ursprünglich an einer Eiche angebrachte wundertätige Bildtafel zurückzuführen, zu der schon im 15. Jahrhundert Prozessionen unternommen wurden. Das Schönste aber an Maria Taferl ist der Rundblick bis weit hinein in die Alpen, auf der anderen Seite nach Böhmen und der Donau folgend bis gegen Ungarn.

Melk

Von Maria Taferl nach Melk sind es nur 26 km. Es genügt, wenn ich nach dem Mittagessen aufbreche. Am späten Abend gehe ich dann auf Melk zu. Es ist die Stunde, in der diese großartige Klosteranlage himmlisch verklärt erscheint. Man kann dazu keine großen Worte finden, man kann nur andächtig betrachten. Der baufreudige junge Abt Dietmayr (* 1670,

† 1739, Abt von 1700 bis 1739) riskierte es und nahm für den Klosterumbau einen verhältnismäßig unbekannten Baumeister: Jakob Prandtauer aus Tirol. E. Trost (Die Donau, S. 209) stellt das Besondere an diesem Mann dar: »Die großen Hofarchitekten jener Zeit, Fischer von Erlach und Hildebrandt, haben phantastische Projekte entworfen, die wenigsten wurden jedoch zur Gänze verwirklicht, nur Prandtauer, dieser schlichte Tiroler, hatte auch den Sinn für die tatsächlichen Gegebenheiten und das rechte Maß, sagt man in Melk. Sein Bau steht heute so da, wie er ihn geplant hat.«

Beim Rundgang durch die Kirche besuche ich auch das Grab des hl. Koloman, eines irischen Königssohnes, der, als er nach Jerusalem durch Österreich pilgerte, 1012 in Stockerau als Spion verdächtigt, gemartert und schließlich an einem Holunderstrauch gehenkt wurde. Wegen vieler wundersamer Begebenisse überführte man 1014 die Gebeine des Koloman in die Klosterkirche nach Melk und bestattete sie dort prunkvoll. An Koloman erinnert auch die Koloman-Monstranz von 1752, die in der Schatzkammer zu sehen ist. Sie ist in der Form eines blühenden Strauches gehalten; hineinverwoben sind Krone und Zepter (Königssohn), Pilgerhut und Wanderstab (Pilger nach Jerusalem), sowie Säge, Fackel, Kette und Zange (Folterwerkzeuge).

Ich bekam ein Quartier für die Nacht in einem Gasthaus mit Blick auf das Stift, und tatsächlich mußte ich immer wieder auf dieses Bauwerk sehen – es zieht so sehr den Blick auf sich, daß das ganze andere Melk kaum wahrgenommen wird.

Göttweig

Aus Melk hinaus gehe ich (Donnerstag, 22.3.) bis Aggstein-Dorf an der Donau entlang, aber dann halte ich mich in Richtung Göttweig querfeldein. Während unten in den Donaustädten der Trubel schon jetzt im Frühjahr groß ist, ist es hier im »Hinterland« ruhig und schön. Eine große Überraschung ist für mich die Wallfahrt zur »Maria im Schnee« in Langegg. Ich komme gegen 10 Uhr an – Schulkinder aus umliegenden Dörfern machen heute ihre Wallfahrt hierher. Sie feiern gerade ihren Gottesdienst. Mich freut es von Herzen, dabei sein zu dürfen. Anschließend zieht alles ins Klosterstüberl zur Einkehr. Als ich nach guter Brotzeit das Lokal verlasse und wieder auf die Landstraße gehe, sehe ich, wie der Wirt gerade sein Hauptgericht für den Mittag auf einer (Schul-)Tafel ausschreibt: »Rehbraten mit Knödl in der Soß«. Leider kann ich darauf nicht warten.

Es wird gegen Mittag sehr heiß, und als ich durch eines der Dörfer gehe, riecht es aus den Häusern unwahrscheinlich nach Bratenduft. Ich erwische mich beim Rosenkranzbeten, daß ich beim Unterlegen der Geheimnisse schon lange nicht mehr sage: »Maria vom Schnee, bitte für uns«, sondern »Knödl in der Soß, bitte für uns«. Bei soviel unterschwelligem Verlangen entschließe ich mich, doch zum Klosterstüberl umzukehren zu den Knödeln in der Soß. So erquickt, mache ich mich von neuem auf den Weg.

Gegen 6 Uhr abends komme ich in Göttweig an. Ich werde vom Gastpater Albert schon erwartet (Freunde in Passau haben mich hier angemeldet). Das Kloster Göttweig wurde von Bischof Altmann von Passau 1083 gegründet, nachdem er bereits einige Jahre vorher eine Kirche errichten ließ. Die Vita Altmanni erzählt von der Gründung Göttweigs so: »Dieser in Ufernoricum gelegene Berg reicht mit seinen hohen Gipfeln bis fast an die Wolken, ist in der Lage länglich, in der Gestalt abgerundet und nimmt unter allen umliegenden Bergen den ersten Rang durch Annehmlichkeit, Lieblichkeit, Fruchtbarkeit und Heilsamkeit ein. Als Bischof Altmann eines Tages in dem Dorf Mautern verweilte und den lieblichen Berg von Ferne sah, erforschte er von den Bewohnern dieses Ortes seine Beschaffenheit. Da sie ihm gewisse, fast unglaubliche Dinge erzählten, befahl er, sein Maultier zu satteln, und stieg, freudig von einer großen Schar begleitet, auf einem steilen Bergpfade hinan. Als er den ganzen Berg durchwandert hatte, sah er einen geräumigen Platz, der zum Bau eines Klosters geeignet war, und schlug dort sogleich ein Zelt auf. Nach dem Abholzen des Waldes begann er, eine Kirche zu erbauen ...«

Abt Gottfried Bessel (Abt von 1714–1749) setzte sich mit dem berühmten Baumeister Lukas von Hildebrandt ins Benehmen. Göttweig sollte noch größer werden als St. Florian und Melk. Die Kaiserstiege (fertiggestellt 1738) deutet das an. E. Trost (Die Donau, S. 241) bemerkt dazu: »Man strebte das Ungewöhnliche an und erreichte nur das Unvollendete: vermauerte Gänge, Torbauten, die ins Leere führen, offene Flächen, die nach Verbauung verlangen – Anfang ohne Ende.«

Mir wurde im Kloster höchste Gastlichkeit gewährt: ein herrliches Barockzimmer zum Übernachten, vorzüglicher Wein aus klostereigenem Keller. Daß ich es gleich sage: Auf meinem ganzen Weg war dies die einzige Übernachtung in einem Kloster oder Pfarrhaus.

Nach der »Pilgermesse« am Morgen ging ich beflügelt weiter in Richtung Tullner Becken – Wien. In Erpelsdorf (hinter Zwentendorf) entschließe ich mich, von der Straße weg, auf dem »bundeseigenen Treppelweg« direkt an der Donau entlang bis Tulln zu gehen. Es ist der kürzeste Weg, gut begehbar und man ist mutterseelen allein. Nur ab und zu bringen Schiffe auf der Donau eine kleine Abwechslung. Rechts des Weges der Auwald mit Weiden, Pappeln und Eichen, dichtem Gebüsch, aber auch mit Brennesseln und Brombeerstauden und anderen lianenartigen Schlingpflanzen durchwachsen. Aber nach etwa 2 Stunden Marsch in dieser herrlichen Aulandschaft kam die erste Überraschung. Ein etwa 20 m breiter Bach mündet in die Donau ... Nirgends ist eine Brücke oder auch nur ein Steg zu sehen. Ich gehe ein Stück den Bach aufwärts durch das beschriebene dichte Unterholz – es ist sehr mühselig voranzukommen. Immer wieder versperren umgestürzte vermodernde Bäume den Weg. Auch schlammiger Untergrund und große Wassertümpel – Reste vom letzten Hochwasser – behindern mich. Ich entschließe mich, den Bach direkt vor der Donaumündung zu durchschwimmen. Ich ziehe mich aus und verpacke alles im Rucksack. Mit der einen Hand paddelnd und mit der anderen Hand den Rucksack mit all meinen Habseligkeiten (inklusive dem teuren Photoapparat!) hochhaltend erreiche ich das andere Ufer. Das Wasser ist um diese Zeit sehr kalt, aber ich bin mit dieser Lösung zufrieden. Ich muß an Konrad Lorenz (in Altenberg bei Tulln geboren) denken, der hier in den Donauauen seine Verhaltensforschung trieb mit Graugänsen, Dohlen, Fischen und Hunden und in seinem Buch »So kam der Mensch auf den Hund« (S. 106) z.B. schreibt: »Mein Weg führt an den Strom, wo ich mich ausziehe und Käscher, Kanne und Kleider verstecke. Dann geht es stromaufwärts auf dem alten Treppelweg, das heißt auf dem Pfade, der für die Pferde vorgesehen war, die in alten Zeiten die Schiffe stromauf ›treidelten‹.« Noch dreimal mußte ich größere Bäche (an die 10 m breit) durchschwimmen. Sehr beglückt komme ich am späten Abend in Tulln an. Am Donaukai treffe ich Bekannte aus Oberbayern. Ich finde Quartier im gleichen Haus, und wir machen einen schönen bayerischen Abend.

Andrentags (Samstag, 24.3.) ist wieder ein strahlend schöner Frühlingstag. Ich ziehe aber doch vor, auf der Bundesstraße in Richtung Klosterneuburg zu gehen, obwohl diese Straße ungewöhnlich viel befahren und unangenehm ist. Ab St. Andrä wird die Gegend hügelig und schöne Dörfer kommen, ab Gugging parkartig gepflegt: Man ist im Wiener Wald. Ich komme auch durch den Ort Kierling, wo Franz Kafka die letzten Monate seines Lebens im Sanatorium verbracht hat. Am Nachmittag erreiche ich Klosterneuburg.

Klosterneuburg

Um 1100 erfolgte die Gründung dieses Klosters. In den folgenden Jahren fördert der Babenberger Leopold III. den Ausbau des Klosters mit großen Schenkungen und läßt 1114 bis 1136 die Stiftskirche erbauen. 1730 faßt Kaiser Karl VI. den Plan, Klosterneuburg zu einem österreichischen Escorial auszubauen. Er läßt von Donato Felice d'Allio einen gigantischen Plan entwerfen, der nur zu einem Viertel verwirklicht werden kann. Selbst diese Arbeiten können erst in der ersten Hälfte des 19. Jahrhunderts abgeschlossen werden. An Stelle der geplanten neun Kuppeln werden nur zwei errichtet. Der größte Schatz des Klosters ist ohne Zweifel der Verduner Altar. E. Trost (Die Donau, S. 253) beschreibt den Eindruck, den dieses Werk macht so: »Golden, blau, rot und grün funkeln die Bildfelder dieses weltberühmten Emailwerkes, das der Meister Nikolaus von Verdun 1181 vollendet hat. Die Einzelheiten der 51 Bildtafeln des Flügelaltares lassen sich beim ersten Blick nicht erkennen. Das Kunstwerk wirkt als Ganzes, in flimmernder Schönheit, und man muß näher treten, um die Szenenfolge zu studieren, das bewegte Geschehen aus dem Alten und Neuen Testament, die Figuren, die ihre künstlerischen Ahnen in der Antike und in Byzanz zu suchen haben, die Transparenz der ›feuchten‹ Gewänder, die Vornehmheit der Gesten, die Innigkeit des Ausdrucks.« Vom Gestalter dieses Altares, Meister Nikolaus, stammt auch der Dreikönigsschrein in Köln und der Marienschrein von Tournai. Der Verduner Altar ist aber das wichtigste Werk des Meisters.

Ich habe viel Zeit zur Betrachtung des Altares, denn ich bleibe in Klosterneuburg über Nacht.

Wien

Am Sonntag (25.3.) gehe ich gegen Mittag – nach dem Gottesdienst und einem Frühschoppen im Stiftskeller – nach Wien hinein; links, jenseits der Donau kommt der Bisamberg mit seinen mächtigen Sendeanlagen in Sicht, rechts liegen der Kahlenberg und der Leopoldsberg. Der heutige Leopoldsberg hieß bis Ende des 17. Jahrhunderts Kahlenberg, während der Kahlenberg bis zu dieser Zeit Schweins- oder Sauberg genannt wurde. Vom Kahlenberg aus griff das kaiserliche Heer am 12. September 1683 die türkische Armee an und besiegte sie entscheidend. Mit diesem Sieg war das Vordringen der Türken endgültig abgewehrt.

Nach der Schlacht von Wien beginnt der Niedergang des osmanischen Reiches, gleichzeitig setzt die höchste Blüte der österreichischen Länder ein. Österreich gewinnt in den nächsten Jahrzehnten ganz Ungarn und weite Teile des heutigen Jugoslawien und Rumänien und tritt so an die Stelle der Türken an der mittleren Donau.

Für mich wird der Weg jetzt sehr ungemütlich. Es geht durch trostlose Vorortsstraßen und außerdem fängt es gewaltig zu regnen an. Ich bin froh, daß ich gegen 19 Uhr am Stephansdom ankomme, meinem vorläufig ersten Ziel dieser Etappe. Mit der Tram fahre ich nach Mödling hinaus, denn dort findet in der Woche vom 26.3. bis 30.3. die Arbeitstagung der katholischen Exegeten aus Deutschland, Österreich und der Schweiz statt mit Gästen aus Polen, der Tschechoslowakei und Straßburg. Kollegen bringen mir seriöse Kleidung mit; so habe ich die Landstraße und das damit zusammenhängende Vagabundenleben bald vergessen und kann mich mit Energie den Referaten zur Thematik »Die Frage nach dem historischen Jesus und die Jesusüberlieferung der Evangelien« widmen.

Während dieser Tagung regnet es draußen drei Tage lang fast ununterbrochen. Ich bin, ehrlich gesagt, sehr froh, daß ich im Trockenen sitzen kann.

Am Freitag, den 30. März – die Kollegen beraten noch über die Struktur und künftige Aufgabenstellungen dieser Neutestamentlervereinigung –, schleiche ich mich im »Pilger-Look« heimlich davon. Das Wetter ist nun wieder sehr schön. Ich gehe über Wien-Schwechat an diesem Tag bis Bruck a.d. Leitha, anderntags bis Nickelsdorf.

Ungarn

Eigentlich wollte ich durch Ungarn gehen über Györ, Székesfehérvár, Mohács nach Belgrad. Aber der Weg durch Ungarn gestaltete sich für mich ganz anders als geplant. Ein Visum für einen Aufenthalt von drei Wochen in Ungarn hatte ich mir besorgt. An der Grenze von Österreich nach Ungarn hinter Nickelsdorf wurde mir auch der Übergang anstandslos gestattet. Freilich, als man meine Absichten erkannte, daß ich zu Fuß durch Ungarn gehen wollte, gab es ein unerbittliches: »Unmöglich.« Auf meine verdutzte Reaktion hin wurde mir bedeutet, ich könnte ja mit dem Zug fahren oder mit dem Schiff. Ich entschied mich für das Schiff und fuhr sogleich mit dem nächsten Zug zurück nach Wien. Dort hatte ich großes Glück, denn

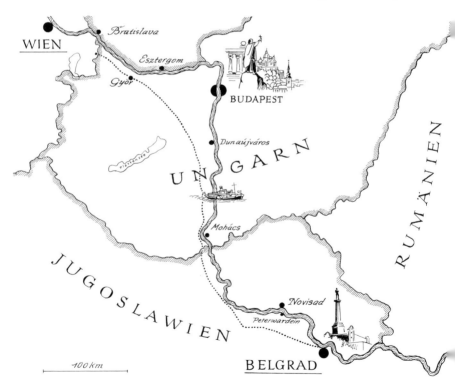

anderntags (2. April) fuhr ein russisches Personenschiff ab in Richtung Budapest–Belgrad; Einschiffung war noch am selben Sonntag, 19 Uhr. An den kroatischen Studenten, der mich ab Belgrad begleiten sollte, schickte ich noch ein Telegramm, daß ich bereits am Mittwoch, den 11. April, in Belgrad am Schiffskai unter dem Kalemgdan um 13 Uhr ankäme. Das Treffen und der Abmarsch dort war für 14 Tage später geplant.

Nun ist der Würfel so gefallen. Ich bin auf dem Schiff; es läuft um 5 Uhr aus. Städte wie Petronell (das römische Carnuntum), Hainburg, Preßburg, Komorn, Gran (heute Esztergom) sah ich in ruhender Lage vom Schiff aus und hatte genug Zeit, alles, was sich durch die Jahrhunderte an den vorbeigleitenden Stätten begeben hatte, zu bedenken. Klar wurde mir dabei besonders, daß ein donauabwärts Reisender sich weit hinunter auf den Spuren der Geschichte und der einmaligen Größe der Stadt und des Bistums Passau bewegt. Schier tausend Jahre lang dehnte sich nämlich die Diözese Passau vom Unterlauf der Isar und den südlichen Gipfeln des südlichen Böhmerwaldes bis hinunter nach Ungarn. Die heutigen österreichischen Bistümer Linz, St. Pölten und Wien sind Teile ihres ehemaligen Bestandes. Der Festiger des ungarischen Reiches, Herzog Vajik, der spätere König Stephan, der Heilige, soll um das Jahr 975 von einem Priester des Bischofs Pilgrim, dem Pilgrim des Nibelungenliedes, getauft worden sein. Die älteste Kirche in Gran ist dem hl. Stephan geweiht, wie die Mutterkirche in Passau. Dem Osten war das Antlitz Passaus von jeher zugewandt.

Budapest

Der Eindruck ist großartig. E. Trost (Die Donau, S. 355 f.) wird schon recht haben, wenn er schreibt: »Vom Schwarzwald bis zum Schwarzen Meer ist die Donau von Menschenhand nirgends großzügiger, prächtiger und würdiger eingefaßt worden. Buda, Pest und die Donau sind eins. Die Doppelstadt wird von der Donau durchblutet, und die Donau empfängt dafür von der

Stadt Glanz und Leben. In keiner anderen Donaustadt ist der Strom so Mitte wie in Budapest, und alles, was in Budapest geschah, geschieht und geschehen wird, läßt sich mit der Donau in Verbindung bringen. ... Die Donau hat jetzt kein enges Bett mehr, man kann nicht mehr von ihrem Lauf sprechen, sie ist eine sich bewegende breite Wasserfläche, weit gedehnt, herrisch, absolut, voll ausgereift, großstädtisch: Sie hat nun die Größe, die ihrer geschichtlichen und geographischen Bedeutung entspricht.«

Ankunft in Budapest 18 Uhr.
Die Passagiere des Schiffes haben ›Landurlaub‹ bis 21 Uhr und am anderen Tag von 8–12 Uhr. Ich nehme die Gelegenheit wahr, einige zentrale Punkte in der Stadt zu besuchen: die Fischerbastei mit der Matthiaskirche, die Elisabethenkirche, den Platz der Republik und das Parlamentsgebäude. Bilder und Gedanken an den heldenhaften Aufstand der Ungarn Ende Oktober 1956 werden wach.

Augenzeugen berichten, wie in anfänglicher Freiheitsbegeisterung die Menschen von allen Seiten zusammenliefen; man weinte und lachte, und völlig Unbekannte umarmten sich vor Freude.

Und dann die markerschütternden Hilferufe einer ungarischen Nachrichtenagentur am Morgen des 4. November an den Westen: Die russischen Truppen haben plötzlich Budapest und das ganze Land angegriffen. Sie haben das Feuer auf jedermann in Ungarn eröffnet. Es ist ein Generalangriff. Ich spreche auch im Namen des Ministerpräsidenten Imre Nagy. Er bittet um Hilfe ... Nagy und die Regierung sowie das gesamte ungarische Volk bitten um Hilfe!

Jugoslawien

Pünktlich um 12 Uhr werden die Anker gelichtet, und es geht weiter in Richtung Belgrad, vorbei an Dunaújváros (der ersten sozialistischen Industrie-Stadt Ungarns, ganz auf marxistischleninistischen Dogmen gegründet), vorbei an Mohács, wo die Ungarn 1526 von den Türken geschlagen wurden und eine 150jährige Türkenherrschaft begann.

Über der Donau wird es langsam dunkel. Stimmungsvolle Bilder der untergehenden Sonne ganz rot über den Auwäldern graben sich tief ein.

Am andern Tag sehe ich rechts von der Donau die Berge von Fruska Gora. Die Weinberge gehen dicht an das Donauufer heran. In den Dörfern ländliches Treiben und versteckt in den Bergen die orthodoxen Klöster Hopovo, Krušedol, Vrdnik und Jazak, Gründungen von Mönchen, die aus dem Süden Serbiens nach dem Türkeneinfall 1389 (nach der verlorenen Schlacht auf dem Amselfeld) in den Norden flohen. »Die Künstler in ihren Reihen malten die Kirchen nach dem Vorbild der prächtigen Kirchen im Süden aus und prägten ihr Heimweh den Heiligen in die traurigen Gesichter« (E. Trost, Die Donau, S. 415).

Novi Sad taucht zur linken Seite auf und zur Rechten die alte Festung Peterwardein (Petrovaradin). Pünktlich um 13 Uhr legt das Schiff am Kai von Belgrad unter dem Kalemegdan an.

Belgrad

Der kroatische Student wartet bereits auf mich. Es ist ein sehr schönes Gefühl, in einer fremden Stadt so erwartet zu werden. Von Belgrad durch Serbien und nach Mazedonien bis an die griechische Grenze wird er zu Fuß mit mir marschieren. Auf seine Dolmetscherdienste bin ich ganz und gar angewiesen, denn ich kann kein Wort Serbisch. Wir beschließen, an diesem Tag in Belgrad zu bleiben. Wir suchen erst ein Quartier und finden es in der Nähe vom Bahnhof: »Hotel MOSKVA«.

Jetzt sind wir frei für einen Bummel durch Belgrad. Belgrad (1,2 Millionen Einwohner), die Hauptstadt Jugoslawiens, liegt im Mündungswinkel der Save in die Donau. Ihr ältester und schönster Teil ist der Kalemegdan, eine Anhöhe oberhalb des Mündungswinkels, mit einer großen alten Festung. In die ganze

Geschichte von Belgrad wird man am besten eingeführt durch das Buch von E. Trost, »Die Donau«. Besonders plastisch ist in diesem Buche die Eroberung von Belgrad und des uneinnehmbar scheinenden Kalemegdan durch Prinz Eugen geschildert. Das Lied von ›Prinz Eugen, dem edlen Ritter‹ war an diesem Tag mein ›Wallfahrtslied‹. Ich erzähle meinem Begleiter von Prinz Eugen, daß er 1663 in Paris geboren wurde, zum geistlichen Stande bestimmt, lieber Offizier werden wollte, aber von König Ludwig XIV. wegen seines Buckels abgelehnt wurde. Klein und häßlich von Person, so beschrieb ihn die Schwägerin des Königs, die berühmte Liselotte von der Pfalz, mit einer Stumpfnase und »so kurzen Oberleffzen, daß er den Mund allezeit ein wenig offen hat und zwei breite Zähne sehen läßt« (E. Bodemann, Aus den Briefen der Herzogin Elisabeth Charlotte von Orléans an die Kurfürstin Sophie von Hannover, Bd. 2, Berlin 1891, S. 175). Schließlich wird er bei Kaiser Leopold I. vorstellig, der sich während der Belagerung Wiens vom Juli bis September 1683 in der Bischöfl. Residenz von Passau aufhält. Schon bei der Schlacht am Kahlenberg ist Prinz Eugen dabei, später bei der Eroberung Belgrads durch Kurfürst Maximilian von Bayern 1688. Als dann Belgrad 1690 wieder unter die Türkenherrschaft gerät, erobert Prinz Eugen, nun alleiniger Befehlshaber, 1717 die Stadt wieder. Von diesem glorreichen Sieg singt oben angeführtes Lied.

Am Abend dieses Tages waren wir bei Verwandten des kroatischen Studenten eingeladen. Ich erlebte eine unglaubliche Gastfreundschaft, und es gab echte Balkangerichte, »Mučkalica« und viel Sljivovica.

Der serbische Klosterweg

Am Donnerstag, den 12. April, brachen wir in Belgrad auf. Es regnete in Strömen. Der Weg führte an diesem Tage auf der Ibar-Magistrale von Belgrad hinaus bis Lazarevac (63 km). Von dort steigt die Straße immer höher auf die Höhen des

Kloster Sopočàni

Fresko »Tod Mariens« in der Klosterkirche Sopočani

Freskoausschnitt: Die Jünger beweinen den Heimgang Mariens

Der Schicksalsort Janjevo

Der Pfarrer des Ortes Janjevo: Anto Baković. Als Theologiestudent und später als Pfarrer war er viele Jahre im Gefängnis. Das Bild wurde von einem Mitgefangenen gemalt

Eines der vielen Heiligenkapellchen entlang der Via Egnatia

Die Stadt Kavalla, das alte Neapolis. Hier setzte Paulus, von Troas per Schiff kommend, erstmals seinen Fuß auf europäischen Boden

Rudnikgebirges zu und passiert schließlich den Gebirgsort Rudnik. Dort übernachten wir im Gasthof »Ibar«.

Am Samstag (14.4.) gehen wir bis Kraljevo (56 km). Einige Kilometer hinter der Stadt liegt das Kloster Žiča, das zu Anfang des 13. Jahrhunderts gebaut worden ist. Es war der Sitz des ersten serbischen Erzbistums, wo im Mittelalter sieben serbische Könige gekrönt worden sind. Hier gibt es zahlreiche bedeutende Fresken aus dem 13. und 14. Jahrhundert.

Am Sonntag (15.4.) brechen wir schon um 6 Uhr auf. Zu Hause wird heute der Palmsonntag gefeiert. Hier im serbischen Gebiet gehören die Menschen zur orthodoxen Ostkirche und diese feiert erst am Sonntag darauf den Beginn der Karwoche. Wir gehen an diesem Tage bis Ušće an der Ibar und legen am Abend noch die 12 km hinauf zum Kloster Studenica in den Bergen zurück. Dort finden wir ein gutes Quartier. Studenica mit seiner rein romanischen Marmorbasilika ist nationalstolzen Serben teuer, denn ihre Fresken aus dem 13. Jahrhundert tragen die ältesten kyrillischen Inschriften in ihrer Sprache.

Am Montag (16.4.) geht es wieder zurück zur Ibar-Magistrale (= Ibarhauptstraße). In Ušće kaufen wir für das große Frühstück, das wir immer gegen 9 Uhr machen – am frühen Morgen gibt es nur einen Schluck Tee und vielleicht ein Keks dazu –, frische Sachen am Markt: Lauch, Käse, Brot. Dies bekommen wir alles in Tageszeitungen eingepackt ... irgendwo kaufen wir noch eine Flasche Bier. An einem schön gelegenen Plätzchen in der freien Natur findet dann das Picknick statt.

Das Glück wird in solchen Augenblicken direkt materiell sichtbar. An diesem Tage gibt es dazu noch eine visuelle Überraschung. Wir packen unsere Sachen aus, legen sie sorgsam auf die Zeitung und siehe da: Willy Brandt in Großformat vor uns – er nimmt die ganze erste Seite ein. Ein Kind reicht ihm Blumen, dazu steht in kyrillischer Schrift: »DOBRO DOSLI« (Willkommen).

W. Brandt ist auf Staatsbesuch bei Tito. Obwohl ich mit jenem Herrn nicht gerne aus einer Schüssel löffeln möchte, ergötzt mich bei diesem Picknick seine Gegenwart in Großformat.

Dieser Weg entlang an der Ibar war besonders schön. Die Obstbäume stehen in voller Blüte, und allenthalben ist der Frühling ausgebrochen. Am Abend erreichen wir Raška. Wir finden auch ein besonders gutes Quartier und essen einmal ganz nobel. Es gibt als Vorspeise luftgeräucherten Schinken und Schafskäse; dann eine geschmackvolle Hühnersuppe mit hausgemachten Nudeln. Als Hauptgericht Lamm, am Spieß gegrillt, und gemischten Salat aus Kraut, Gurken, Tomaten, Lauch und viel Knoblauch, dazu Landwein aus dieser Gegend.

Dienstag, der 17. April. Wir beschließen, daß wir – weg von der direkten Straße nach Priština–Skopje – den alten Weg an der Raška entlang nach Novi Pazar gehen, und von dort aus besuchen wir einige sehr bedeutende mittelalterliche Klöster und Kirchen. In der unmittelbaren Nähe von Novi Pazar steht Petrova Crkva, eine der ältesten serbischen Kirchen, die, wie die Legende berichtet, von Titus, dem Begleiter des Apostels Paulus, errichtet worden ist. Sie wird zum erstenmal im 10. Jahrhundert erwähnt, ist aber früher gebaut worden. Einst war sie Sitz des Erzbistums. In ihr befinden sich Fragmente der ältesten Fresken aus dem 8. und 9. Jahrhundert. In der Nähe, auf einem hohen Hügel oberhalb Novi Pazar, steht das Kloster Djurdjevi Stubovi, das vom serbischen Herrscher Stevan Nemanja im Jahre 1170 errichtet worden ist. Dieses monumentale Baudenkmal wurde im Laufe der Kriege schwer beschädigt, jedoch ein Teil der Fresken aus dem 12. Jahrhundert ist erhalten geblieben.

Von Novi Pazar 11 km nach Südwesten steht das 1265 errichtete Kloster Sopoćani, dessen Fresken als Gipfelleistung der mittelalterlichen serbischen Malerei gelten, die erst viel später von den großen Künstlern der Renaissance wieder erreicht wurde.

Die Fresken stellen, obwohl sie zu den frühesten serbischen Kunstwerken gehören, gleichzeitig ihre höchste Entwicklungsstufe dar. Einflüsse des Ostens und des Westens trafen an dieser Kulturscheide aufeinander. Antik-Griechisches und Byzantinisches (die hoheitsvolle steife Darstellung des Heiligen in der Mosaikkunst) mischten sich mit Elementen der Romanik und Gotik (hier mit der geschmeidigeren Darstellungsmöglichkeit in Form der Freskenmalerei). Besonders beachtenswert ist in Sopočani die großflächige Darstellung von Mariens Tod. Die Apostel, die neben der Bahre der Jungfrau trauern, drücken einen Schmerz aus, der bis dahin so realistisch nie dargestellt wurde. Dagegen sind die Engelchöre und die Gestalt Christi noch »konservativ« byzantinisch dargestellt. Diese ganzen Gegenden von Žiča bei Kraljevo über Studenica bis ins Tal der Raška waren einst das Zentrum des serbischen mittelalterlichen Staates. Das Ibartal wird oft das »Tal der Fresken« genannt und der Weg von Belgrad bis Priština auf der jugoslawischen Staatsstraße Nr. 1 »der serbische Klosterweg«.

Warum weiß man bei uns so wenig von den faszinierenden Schätzen dieser Epoche? Weil viele der Klöster gut fünfhundert Jahre lang ganz wörtlich den Blicken entzogen waren. Die muslimischen Türken, die sich nach dem Sieg auf dem Amselfeld (1389) als Herren im Land der orthodoxen Serben niedergelassen hatten, verabscheuten die bunten, lebhaften Szenen aus Bibel und Legende – ihre Lehre verbietet bekanntlich die bildliche Darstellung Gottes und des Menschen. Daher überdeckten sie die Freskenwände mit einer dicken Putzschicht. Erst in unserem Jahrhundert wurden die Wandmalereien nach und nach wieder ans Tageslicht geholt. (Ausgezeichnetes Fotomaterial in dem großen Bildband: Jugoslawien / Mittelalterliche Fresken. Veröffentlicht von der New York Graphic Society in Übereinkunft mit der UNESCO, New York 1974.)

Nachdem wir nun schon einmal von der direkten Route abgewichen waren wegen der Außergewöhnlichkeit der Fresken in den serbischen Klosterkirchen, entschlossen wir uns, den Weg von Sopočani nach Kosovska Mitrovica über Tutín durch den Sandžak zu nehmen. Es gab nur einen holperigen Sandweg durch die tiefen Wälder dieser schönsten Landschaft von ganz Jugoslawien. Bären und Wölfe soll es noch genug in dieser Gegend geben. Freilich, die Häuser in dieser Gegend haben österreichischen Charakter, war doch der Sandzak bis 1918 der südöstlichste Zipfel der Donaumonarchie. Wie ich mir sagen ließ, stammen sehr alte und eigentümliche Volkslieder aus dieser überaus schönen Gegend.

Viel zu lange hatten wir uns in den Kirchen bei der Betrachtung der Fresken aufgehalten. Jetzt wurde es finster und weit und breit kein Dorf und kein Haus. Schließlich kam ein Mann des Weges, und dieser beschrieb uns genau den Weg zu einem Forsthaus in einer Waldlichtung – aber eine gute Stunde war noch zu gehen. Die Nacht im Forsthaus in abgelegenster Gegend fand ich sehr schön; wir waren auch sehr gut aufgenommen.

Mittwoch, der 18. April. Über diesen Tag ist nicht sehr viel mehr zu sagen, als daß wir andauernd durch dichte Wälder marschierten, oft an Wegkreuzungen die liebe Not hatten und mehr durch Glück als Verstand den richtigen Weg fanden. Schließlich passierten wir eine Paßhöhe (1200 m) – im Wald lag noch überall Schnee, nur die kleine Forststraße war schneefrei –, und gegen Abend kamen wir bei Ribariće an die große Straße, die herauf von Titograd in Montenegro nach Kosovska Mitrovica führt.

Wir treffen ein Schulrat-Ehepaar aus Landshut und freuen uns sehr über diese Begegnung. Diese Leute wollen uns gern im Auto nach Kosovska Mitrovica mitnehmen, aber wir lehnen dankend ab. Später, es ist schon sehr finster geworden, sind wir ganz entnervt, weil nirgends eine Herberge zu haben ist. Schließlich nehmen wir doch noch den Bus, der für uns unerwartet daherkommt und lassen uns nach Kosovska Mitrovica hineinschaukeln (buchstäblich, denn die Straße ist unendlich schlecht). Hier glaubt man im Orient zu sein. Verschleierte Frauen in ihren Pluderhosen, der Markt trotz so später Stunde noch offen. Wir finden ein Quartier – genauso wie ich es später oft in der Türkei haben werde, KONAK genannt: Man schläft auf dem Boden, der Geruch vom Vieh nebenan liegt im Raum, melancholische Flötenmusik hört man bis spät in die Nacht; anschließend kommt dann der Besuch von Asseln, Kakerlaken, Flöhen und Läusen.

Am Donnerstag (19.4. – Gründonnerstag) haben wir viel Zeit für den Weg durch das Amselfeld (serbisch: Kosovo Polje) – bei uns bekannt durch die Amselfelder Rotweine – bis Priština (40 km). Vor Priština, an der Stelle, wo sich 1389 die berühmte Schlacht auf dem Amselfeld zwischen Serben und Türken abgespielt hat, steht das Denkmal des Helden von Kosovo (25 m hoch) zur Erinnerung an die Befreiungskriege gegen die Türken 1912 und 1913. In der Nähe dieses Denkmals befindet sich das Grabmal des türkischen Heerführers Murat, der bei der Schlacht 1389 ums Leben gekommen ist, aber dessen Heer über die Christen (Serben, Bosnier, Bulgaren) siegte. In der Folge reichte die türkische Botmäßigkeit bis an die Drina, Save und Donau; 1521 eroberten die Türken auch Belgrad.

Priština, Zentrum des autonomen Gebiets Kosovo–Metochien liegt am Rand des blutgetränkten Amselfeldes. In der türkischen Altstadt wimmelt es von Skipetaren, Montenegrinern, Mazedoniern und Zigeunern. Neben der Murat-Türbe, dem Mausoleum des türkischen Heerführers, bietet Priština römische Ausgrabungen und eine Kirche mit holzgeschnitzter Bilderwand.

Karfreitag (20.4.). Wir suchen zuerst an diesem Tag das im Jahr 1321 errichtete Kloster Gracanica auf, 9 km von Priština entfernt. In architektonischer Hinsicht ist dies eines der schönsten Klöster im serbisch-byzantinischen Stil, mit schönen und gut erhaltenen Fresken.

Janjevo

Mein kroatischer Begleiter und ich wollten sodann 30 km südlich von Priština abzweigen zu einem Dorf Janjevo, oben in den Bergen gelegen. Dieses Dorf hat eine kleine Besonderheit: Neben serbischen Orthodoxen und muslimischen Skipetaren wohnen hier schon seit dem Mittelalter Katholiken, die zu den Kohle- und Silberbergwerken, die es hier gibt, aus Dubrovnik und Sachsen zugezogen sind. Wir selbst hatten vor, diese katholische Gemeinde zu besuchen.

Es war Karfreitag, und wir freuten uns, mit einer solchen Gemeinde in der Diaspora Ostern zu feiern. Es muß vermerkt werden, daß wir rucksacktragenden Fußgänger schon ab Belgrad jeden Tag von in Autos patrouillierender Polizei kontrolliert wurden; damit hat man sich abzufinden. Nie entstanden uns Schwierigkeiten. An diesem Tag bemerkte ich wohl, daß mehr Polizeiautos unterwegs waren und wir sehr genau beäugt wurden. Direkt an der Abzweigung nach Janjevo fuhr nun ein Polizeiauto vor und hielt. Ein Polizist, in der Statur einem Kleiderschrank vergleichbar, stieg aus, ging auf unsere linke Straßenseite und fragte, was wir hier machten. Wir sagten, daß wir nach Janjevo gingen. In diesem Augenblick schlug der Polizist zornentbrannt meinem kroatischen Begleiter mit der Faust ins Gesicht, daß er über die Straßenböschung hinunter purzelte. Den nächsten Faustschlag bekam ich selber ins Gesicht, und weil der – nach Meinung des Schlägers – wohl zu wenig gut saß oder ich in meiner Verdutztheit meine Gesichtsfläche zu einladend hinhielt, schlug mich dieser Kerl, dessen Hand wie die Pranke eines Bären war, ein zweites Mal ins Gesicht, jetzt so, daß mir die Funken vor den Augen tanzten; Blut rann aus der Nase und aus dem Mund; ich sah nichts mehr. Wir wurden auf die andere Seite der Straße zum Auto gezerrt. Dort riß man uns das Gewand runter und durchsuchte uns nach Waffen. Als der Student, dem es offensichtlich noch etwas besser ging als mir, mir mit seinem Taschentuch das Blut wegwischen wollte, bekam er wieder Schläge und den drohenden Vorwurf: Was, Du hilfst diesem Nazischwein? Drei oder vier Polizeiautos waren inzwischen angekommen. Man beriet sich, wohin man uns ins Gefängnis bringen sollte. Man entschied sich für Priština. Her! Die Rucksäcke in den Kofferraum! Ich machte einen gravierenden Fehler: Meine Wehrlosigkeit diesen Mächtigen gegenüber reagierte ich damit ab, daß ich den Rucksack mit zorniger Gewalt in den Kofferraum donnerte. Der »Kleiderschrank« sprang wie besessen auf mich zu und trat nun mit seinen Stiefeln mit Wucht ein paar Mal in mein Hinterteil bis hinab zur Kniekehle. Jeder Stiefeltritt schmerzte gewaltig. Beim Einsteigen wurden wir dann noch heftig mit dem Schlagstock bearbeitet.

Im Gefängnis begann nun das große Warten, es folgten die Verhöre, natürlich getrennt. Die Nacht verbrachten wir im Gefängnis.

Ich hatte sehr große Sorge um meinen Begleiter, er war schließlich jugoslawischer Staatsangehöriger. Ich selbst blieb vollkommen gefaßt und fürchtete nichts, war bei den Verhören kurz, aber scharf.

Am Abend des Karsamstags (21.4.) eröffnete uns der Chef der Geheimpolizei, daß alles »in Ordnung« sei und gestattete uns mit großzügiger Geste, daß wir nach Janjevo dürften. Jetzt konnten mein kroatischer Begleiter und ich wieder miteinander reden. Wir wußten beim besten Willen nicht, was man von uns wollte, weshalb wir so mörderisch geschlagen und wie der letzte Dreck behandelt wurden. Bei einbrechender Dunkelheit kamen wir nach Janjevo. Ein freundlicher Mann (Polizist in Zivil) nahm uns dort in Empfang und führte uns gleich ins Polizeirevier. Dort wußte man schon Bescheid über uns. Man versicherte uns, daß wir uns in Janjevo sicher fühlen könnten, und brachte uns in ein Quartier zu einer katholischen Familie. Im Gespräch dort entschlüsselte sich alles schön langsam. Der Pfarrer des Ortes, Anto Baković, sehr beliebt beim Volk und ein Priester im Widerstand gegen das Regime, war vor vierzehn Tagen abgesetzt worden. Die Gemeinde protestierte lauthals. Eine Polizeitruppe aus Priština kam und schlug den Aufstand nieder, viele Männer wurden ins Untersuchungsgefängnis mitgenommen. Schrecklich mißhandelt und geschlagen kamen sie der Reihe nach wieder heim. Der Pfarrer wurde in Hausarrest gesetzt, durfte keine Gottesdienste halten, auch nicht am Palmsonntag, Gründonnerstag, Karfreitag, und das Osterfest durfte auch nicht stattfinden. Mein kroatischer Begleiter und ich wurden für »Ustascha«-Leute, Widerständler, angesehen, die nach Janjevo gingen, um dort die Sache weiter anzuheizen. Die Familie, in der wir Quartier fanden, war sehr rührend besorgt um uns, half die Wunden lindern mit Salben und auch mit guten Worten und gab uns den Eindruck, als wären wir von den Ihren. Nach einiger Zeit kam eine Nachbarin und brachte, wie es mir schien – ich verstand ja nichts von all den Worten – eine gute Nachricht. Sie lautete in der Tat: Ostern findet statt. Das hat also der Chef der Geheimpolizei schließlich für uns gemacht. Der Bischof von Skopje selbst wurde beordert, Ostern mit dieser Gemeinde zu feiern. Angesichts der desolaten Lage der Gemeinde gestaltete sich dieser Gottesdienst zu einer Glaubensdemonstration. Wir, die frisch Geschlagenen, wurden in der Kirche mit Freude und Verehrung aufgenommen. Die Männer bildeten einen festen Block um uns, viele von ihnen hatten die blauen, gelben und grünen Flecken von Blutergüssen noch im Gesicht vom Aufstand her. Ich selbst sah auf dem linken Auge nichts mehr. Das Augenlid hing herunter, ein Nervenstrang, der zum Auge führte, war unter der Wucht des Schlages gequetscht. Mit dem anderen Auge vermochte ich aber auch nichts zu sehen; beim kraftvollen Gesang der wunderbaren Osterlieder ertrank mein Auge in Tränen der Rührung. Hatte der Schläger in geiferndem Zorn immer wieder gezischt: »Ustaša«, Aufrührer, sang man jetzt triumphierend: Isus Usta Slavni – Christus ist erstanden. Diese Heiß- und Kaltbäder wühlen selbst die Gefühle eines Niederbayern bis in die Wurzeln auf. Rührend war das verehrende Angenommensein: Wir hatten schließlich für die Gemeinde gelitten, und uns verdankten sie Ostern – so wurde uns immer wieder bedeutet. Bis gut gegen 3 Uhr morgens dauerte dann das Ostermahl.

Es gab zuerst geweihte, gefärbte Ostereier, dann »Juhá od Koclića« (Suppenfleisch von ganz jungen Ziegenböcklein), als

Hauptgericht Lammbraten und Sarma und dazwischen immer selbstgebrannten Sljivovica, wobei es zur besonderen Gastfreundschaft gehört, daß das Glas fast nach jedem Schluck nachgefüllt wird. Zum Abschluß gab es guten türkischen Mokka, wobei die Hausmutter uns die Zukunft aus dem Kaffeesatz gelesen hat.

Von der Polizei wurde uns am Vorabend noch gesagt, wir könnten uns ganz frei in Janjevo bewegen, nur den Pfarrer dürften wir nicht besuchen. Nach eingehender Aussprache mit meinem Begleiter beschloß ich, am Ostermorgen doch den Pfarrer aufzusuchen. Vielleicht bräuchte er uns besonders. Hatten wir am Karfreitag umsonst Schläge bekommen, so waren wir jetzt entschlossen, uns vor weiteren Schlägen »für begangenes Unrecht« nicht zu fürchten. Der Pfarrer war unendlich dankbar für unseren Besuch. Er sah uns »als vom Himmel geschickte Boten« an. Am Mittag des Ostertages wurden wir wieder zur Polizei gerufen. Für uns war das ein schwerer Gang, uns schwante Böses, weil wir doch eklatant gegen das Verbot – den Pfarrer nicht zu besuchen – verstoßen hatten. Übrigens, der Bischof von Skopje wagte nicht, seinen ihm zugehörigen Priester zu besuchen! Auf uns prasselte aber auf dem Polizeiamt kein Strafgericht herein, obwohl man sicher wußte, daß wir beim Pfarrer waren. Im Gegenteil, man händigte uns die Pässe aus, versicherte uns, daß wir, solange wie wir wollten, in Janjevo bleiben konnten, freilich – und das war ein bitterer Tropfen – zu Fuß weitergehen in Richtung Skopje durften wir auf keinen Fall. Uns wurde gesagt, der Polizist, jener Kleiderschrank mit der Pranke eines Bären, sei »wegen seines Übergriffes« abgesetzt worden. In dieser Gegend aber – in der 1,8 Millionen aus Albanien kommende Skipetaren seßhaft geworden sind – gibt es noch die Sippen- und Blutrache. Zu leicht kann jemand von der Sippe jenes Schlägers uns auf dem Wege auflauern und uns umbringen. Schließlich ist es für die ganze Sippe ein großer Stolz, wenn einer aus ihr Polizist werden konnte; Ehre, Ansehen und Geld für alle.

Wir beschlossen, Janjevo noch am Ostertag abends zu verlassen. Wir gingen zur Polizei und meldeten unseren Entschluß, und man brachte uns im Polizei-Auto zum internationalen Zug nach Skopje, »zum Zweck unserer Sicherheit«. Dort angekommen, nahm ich den Akropolis-Expreß Richtung Gevgelija (griechische Grenze), und mein Begleiter entschloß sich, den Akropolis-Expreß Richtung München zu nehmen, Abfahrt eine Stunde vor meinem Zug. Um 0.30 Uhr bestieg ich also den Zug in Richtung Griechenland.

Griechenland

Um 1.30 Uhr nachts kam ich an der griechischen Grenze in Gevgelija an. Aus dem Zug strömten wahre Massen von griechischen Gastarbeitern aus Deutschland, Belgien und Holland und liefen zu den Wechselschaltern. Alle, die einen größeren Betrag wechseln, bekommen ein Willkommenspäckchen mit der Aufschrift »Kalo Pascha« (Fröhliche Ostern). Der Inhalt war ein Pascha-Brot und ein gefärbtes Osterei. Ich fühlte mich vollkommen befreit und atmete auf, nun im freien Griechenland zu sein. Ich bemühte mich um ein Quartier für die Nacht, wobei mir die Polizei behilflich war.

Ostermontag (23.4.) in Griechenland.

Trotz meiner Wunden, meines zugeschwollenen linken Auges und der leichten Gehirnerschütterung ging ich am anderen Tage zu Fuß weiter in Richtung Thessaloniki. Am ersten Tag kam ich bis Polikastron (nur 36 km). Ich sang für mich auf dem Wege Lieder der Freiheit und der Freude. Zudem war der Frühling auf dem Höhepunkt. Blumen und Blüten und weite grünende Saatfelder links und rechts der Straße und Menschen, mit denen ich jetzt wieder selbst in ihrer Sprache reden konnte.

Pella

Am Tage darauf (24.4.) erreichte ich nach 36 km langer Wegstrecke Pella. In der königlichen Residenz zu Pella wurde Alexander der Große (* 356, † 323) geboren. Aristoteles verbrachte sieben Jahre am Hofe zu Pella als sein Erzieher. Erst nach der Thronbesteigung Alexanders zog er sich nach Stageira, seiner Heimat, zurück. Erinnerungen aus dem Geschichtsunterricht und dem Philosophiestudium wurden geweckt. Pella war seit dem Ende des 5. Jahrhunderts v. Chr. der Mittelpunkt des mazedonischen Reiches; und doch wußte man über viele Jahrhunderte nicht einmal mehr, wo es gelegen war. Ein Bauer, der im Keller seines Hauses ein Rattenloch mit Zement verschließen wollte, stieß auf ein Säulenkapitell. Genauere Grabungen 1914/15 und 1957 brachten die Reste eines Palastes zum Vorschein mit herrlichen Mosaiken aus naturfarbenen Steinen: den Königspalast oder zumindest ein Haus, zum königlichen Palast gehörig.

In Pella stoße ich das erste Mal auf die Via Egnatia, die als Verlängerung der Via Appia von Rom über Capua nach Brindisi führte. Von dort gab es Schiffsverbindungen nach Durachium, dem heutigen Durresi in Albanien. Von Durachium nach Pella über Thessaloniki – Amphipolis – Philippi – Neapolis – Alexandropolis gelangte man auf dieser Straße weiter nach Konstantinopel. Auch Paulus benutzte diesen Weg für einen guten Teil seiner Reisen. Auf seiner ersten Europareise ging er, von Troas kommend, durch Neapolis, Philippi, Amphipolis, Appolonia und Thessaloniki (Apg 16, 11–17, 1; Röm 15, 19) auf dieser Straße. Noch einmal, auf seiner dritten Missionsreise (Apg 20, 1–6) benutzte er diese geschichtsträchtige Straße.

Für diesen Tag bleibe ich in Pella in einem Motel am Ende der Stadt.

Mittwoch, der 25. April. Heute gehe ich auf der Via Egnatia (sie liegt unter der heutigen Straße) nach Thessaloniki; es ist das letzte Stück des Weges der 1. Etappe von Passau nach Jerusalem, nur noch 43 km. Wie sah diese Straße zu Zeiten des Paulus aus und wie reiste man damals?

Römische Straßen und antikes Reisen

Die Straßendecke bestand auf römischen Straßen aus widerstandsfähigem vulkanischem Gestein wie Basalt (Silex), Granit oder Porphyr. Die massiven Steine hatten rund 50 cm Durchmesser bei 20 cm Dicke, manchmal waren sie auch größer. Sie waren so kunstvoll wie bei einem Zusammensetzspiel aneinandergefügt, daß sich eine sehr glatte Oberfläche ergab. Die Steine wurden so verlegt, daß sich die Straße nach der Mitte zu wölbte. Das Regenwasser konnte nach beiden Seiten der Straße abfließen und wurde in Gräben auf einer oder auf beiden Seiten der Straße abgeleitet. Neben der gepflasterten Straße verlief ein 65 cm breiter ungepflasterter Pfad für Fußgänger und Lasttiere. Der schnurgerade Verlauf wurde zu einer Gütemarke für römische Straßen. Außer den Meilensteinen (eine römische Meile betrug 1478,5 m) standen an den Straßen noch Heiligtümer zu Ehren des Merkur oder Hermes, dem Gott der Reisenden. Teils waren es ausgebaute Heiligtümer, teils Statuen oder auch nur Steinhaufen. Nach einem alten Brauch warf jeder der Vorbeifahrenden einen Stein dazu, um dem Gott seine Ehrerbietung zu zeigen. Noch heute pflegen die Pilger nach Santiago de Compostela auf dem sagenumwobenen ›Cruz de Ferro‹ (eisernes Kreuz) einen Bußstein niederzulegen, so daß im Laufe der Zeit ein ganzer Hügel entstand.

Die Ausrüstung der Reisenden

Wie auch aus dem Neuen Testament hervorgeht (Mt 10, 8ff; Mk 6, 8f; Lk 9, 3; 10, 4; 22, 35f), hatten die Fußreisenden ihr Geld in einer Börse am Gürtel oder in einem Beutel (crumen, ballantion) um den Hals, eine Reisetasche, ein zweites Unterkleid, Sandalen an den Füßen. Paulus war wohl als solch ein einfacher Reisender unterwegs. Doch für die Reicheren war das Gepäck für eine Reise über Land umfangreicher. Küchen- und Eßgeschirr, Handtücher, Bettzeug, Kleidung zum Wechseln und Schuhe, die den Straßenverhältnissen entsprachen:

schwere Schuhe oder Sandalen; einen Hut mit breiter Krempe und Umhänge: für mildes Wetter einen kurzen, für Regentage einen aus Wolle und Leder mit Kapuze. Herrscher und Angehörige der Oberschicht reisten in großem Stil. Sie packten einen regelrechten Haushalt ein, da es als schändlich gegolten hätte, in einem Gasthof abzusteigen. Zelte, die üblichen Kochgeräte, Nachtstühle, Bettzeug, Eßgeschirr; kostbares zerbrechliches Geschirr trugen Sklaven in der Hand. Dann noch ein Heer von Gefolgsleuten. Wer genügend Geld hatte, schickte seinem Zug Mohren und Numidier mit farbenprächtigen Trachten voraus, die für freie Bahn sorgen mußten. Pferde und Esel waren mit teuren Stoffen geschmückt. Kaiser Claudius (* 10 v. Chr., † 54 n. Chr.), der das Würfelspiel über alles liebte, hatte sich in seinem Reisewagen ein Spielzimmer einrichten lassen. Einen Platz für seinen Stenographen hielt Plinius in seinem Wagen bereit.

Luxus-Reisende in Wagen aller Art und Größe sehe ich auch heute an mir vorbeirauschen; ich halte es mit dem bescheideneren Paulus, denn seine Erfahrungen interessieren mich ja, nicht die des modernen Touristen.

Die Euphorie jedoch, auf so einer berühmten Straße zu gehen, legte sich bald. Denn schon 20 km vor Thessaloniki beginnt die Zersiedelung der Landschaft, und ein Industriebetrieb reiht sich an den anderen, links und rechts der Straße. Ich bin froh als ich nachmittags im Zentrum von Thessaloniki angelangt bin. Ich schließe die 1. Etappe ab vor der Demetriuskirche, ganz in der Nähe der ausgegrabenen antiken Agora, des Forums von Thessaloniki, wo auch Paulus war.

Thessaloniki

Donnerstag, der 26. April. Noch einen Tag halte ich mich in Thessaloniki auf und sehe mir diese Stadt etwas genauer an, auch ihre Geschichte werde ich mir vor Augen führen, vor allem, wie es Paulus in dieser Stadt ergangen ist.

Thessaloniki, um 315 v. Chr. von dem mazedonischen König Kassandros gegründet und nach seiner Gemahlin Thessalonike, einer Schwester Alexanders des Großen, benannt, ist heute die zweitgrößte Stadt Griechenlands, hat den zweitgrößten Hafen und ist die Hauptstadt Mazedoniens, freilich nur des griechischen Teiles dieses Landes. Das eigentliche Mazedonien umfaßt ein Gebiet, das heute teils zu Jugoslawien, Bulgarien und Albanien gehört. Die sogenannte »mazedonische Frage« gehört zu den vielen politischen Problemen, die einer Lösung harren. Verkehrsknotenpunkt und Zentrum für den Handel zwischen Europa und dem Nahen Osten war die Stadt bereits, als Paulus hier auf seiner zweiten Missionsreise im Winter 49/50 ankam.

Die Stadt wurde regiert von Politarchen, die von der Bürgerschaft alljährlich gewählt wurden.

Viele Juden hatten sich in dieser Handelsstadt niedergelassen, und Paulus wußte, daß er hier eine Synagoge vorfinden würde. Er sprach an drei Sabbaten in der Synagoge. Die Predigt des Paulus war für die orthodoxen Juden allerdings nicht zu akzeptieren – wie an allen Orten, wo er bisher war. Nach Apg 17, 5–7 mobilisieren sie den Straßenmob und schleppen Iason und einige Brüder vor die Politarchen – Paulus, Silas und Timotheus sind bei dieser Aktion im Hause des Iason nicht anzutreffen. Der Vorwurf lautet, diese Leute würden gegen des Kaisers Gebote handeln und sagen, daß sie einen anderen als den Augustus als »König«, als Basileus, verkündeten, nämlich Jesus Christus.

Nach diesem Vorfall verließen Paulus und Silas noch in der Nacht Thessaloniki und flohen nach Beröa. Timotheus blieb in Thessaloniki zurück. An diese Gemeinde hat Paulus seinen ersten (uns erhaltenen) Gemeindebrief geschrieben (entstanden um 50/51 n. Chr. in Korinth), um zu trösten, zu ermahnen und aufgetretene Probleme zu klären. 1 Thess 2, 9–12: »Ihr erinnert euch, Brüder, wie wir uns gemüht und geplagt haben. Bei Tag und Nacht haben wir gearbeitet, um keinem von euch zur

Last zu fallen, und haben euch so das Evangelium Gottes verkündet. Ihr seid Zeugen, und auch Gott ist Zeuge, wie gottgefällig, gerecht und untadelig wir uns euch, den Gläubigen, gegenüber verhalten haben. Ihr wißt auch, daß wir, wie ein Vater seine Kinder, jeden einzelnen von euch ermahnt, ermutigt und beschworen haben zu leben, wie es Gottes würdig ist, der euch zu seinem Reich und zu seiner Herrlichkeit beruft.«

Thessaloniki (heute: Saloniki) bietet heute mehr ein neuzeitliches als ein antikes, zur Paulus-Zeit gehörendes Bild. Moderne Hochhäuser kennzeichnen das Saloniki von heute, dazwischen einige prächtige byzantinische Kreuzkuppelkirchen. Die interessanteste unter diesen Kirchen ist die Demetriuskirche mit Mosaiken aus dem 6. Jahrhundert. Nichts aber kündet näherhin vom Lebensgang des Paulus. Selbst der antike Galeriusbogen, der die Via Egnatia überwölbt, ist nachpaulinisch. Die Via Egnatia lief zur Zeit des Paulus auch nicht nordsüdlich durch die ganze Stadt. Sie berührte Thessaloniki nur im Nordwesten und verließ die Stadt gleich wieder am heutigen Wardar-Platz (siehe Skizze!). Das, was im heutigen Saloniki noch aus der Zeit des Paulus stammen mag, ist die alte Stadtmauer, die zwar, wie sie jetzt steht, byzantinisch ist, aber durchaus im Kern auf eine ältere Mauer zurückgeht, sowie das jetzt freigelegte Forum mit den Markthallen. H. Bardtke (Bibel, Spaten und Geschichte, S. 324) stellt fest: »Sonst hat sich nichts erge-

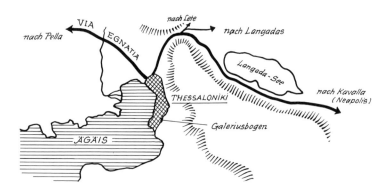

ben an archäologischen Resten, die mit der neutestamentlichen Überlieferung in Verbindung gebracht werden können.«

Nachdem ich so zu den ersten paulinischen Stätten gekommen und dabei auf die eigentlichen »Spuren des Paulus« gestoßen war, mußte ich mein Unternehmen für ein Jahr unterbrechen. Schließlich geht die Pflicht am Neutestamentlichen Lehrstuhl diesem gewiß nützlichen, lehrreichen und abenteuerlichen Unternehmen vor; und so entschließe ich mich am Freitag, den 27. April, zur Rückreise. Eigentlich wollte ich noch bis Sonntag, den 29. April, in Thessaloniki bleiben und hier das orthodoxe Osterfest mitfeiern. Da ich aber in Janjevo schon ein denkwürdiges Ostern (katholisch) gefeiert habe und mich über dem Gedanken an das ›Nichtstun‹ einen ganzen Tag lang – sonst bin ich immer 10–12 Stunden unterwegs – eine gewisse Unruhe befällt, beeile ich mich, noch an diesem Tage per Flugzeug abzureisen. Ich bekomme einen Flug von Thessaloniki nach Athen, und von dort habe ich gleich Anschluß mit einer österreichischen Fluggesellschaft nach München. Ende der 1. Etappe. Sehr beglückt starte ich in das Sommersemester 1973.

II. ETAPPE

VON THESSALONIKI NACH EPHESUS

Die zweite Etappe führte zum großen Teil auf den Spuren des Paulus von Thessaloniki nach KAVALLA – PHILIPPI – XANTHI – KOMOTINI – ALEXANDROPOLIS – IPSALA – KEŞAN – GELIBOLU – ÇANAKKALE – TROJA – TROAS – ASSOS – EDREMIT – PERGAMON – IZMIR – EPHESUS.

Auf dieser Etappe ist mein Begleiter Joseph Prinz, ein Student aus Eichstätt. Lange dauerte aber seine Begleitung zu Fuß nicht, denn Blasen an den Füßen machten ihm schwer zu schaffen.

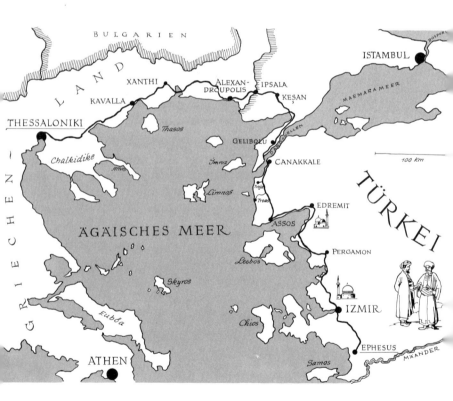

Von da an übernahm dann mein Begleiter den Transport unserer Rucksäcke im Bus und machte Quartier für den Abend. An wichtigen paulinischen Stätten trafen wir uns aber stets auch unter Tags.

Mein Begleiter und ich sind von München nach Athen geflogen und von dort mit dem Akropolis-Expreß in der Nacht nach Thessaloniki gefahren. Diese Fahrt habe ich in schlimmer Erinnerung – ich hatte den Eindruck, es wurde mehr angehalten als gefahren! – Große lange Regenfälle vorher hatten den Gleiskörper ausgeschwemmt. Ganz zerschlagen erreichten wir Thessaloniki und stellten uns die Frage, ob wir bei unserer schlechten gesundheitlichen Verfassung überhaupt den Marsch beginnen sollten. Aber »in Gottes Namen« und »Gott will es«: Wir brachen um 7 Uhr vor der Demetriuskirche auf. Es war Mittwoch, der 15. März 1972*. Nach einer guten Stunde Wegs – vor allem als wir das Häuser- und Straßengewirr der Stadt hinter uns hatten, ging es uns bereits besser. Wir versuchten an diesem ersten Tag eine Abkürzung. Anstatt die ganze Via Egnatia entlangzugehen, die hinter Thessaloniki einen großen Bogen nach Norden macht, gingen wir über die Berge über Asvestikhori und gerieten auch prompt in die Wildnis. Weglos stiegen wir von den Höhen der Berge hinab auf den Limni Koronia (Koronia-See) zu, der in der Ebene draußen in der Sonne silbern schimmerte. In Hagios Vassilios kamen wir wieder auf die feste Straße (Via Egnatia) und gelobten, fürderhin keinen Abkürzer mehr zu machen; sie dauern meistens länger als der lange Weg. Todmüde fanden wir an diesem ersten Tag in Langadikia in einem ländlichen Xenodochion (Gasthaus) ein einfaches, aber sehr sauberes Quartier.

* Für ganz Historiebeflissene soll hier vermerkt sein, daß dieser Teil Thessaloniki–Ephesus bereits 1972 in der Zeit vom 15. März bis 5. April 1972 stattgefunden hat. Nach einer Vorlesung über Paulinische Theologie an der Phil. Theol. Hochschule in Eichstätt fanden sich spontan 3 Theologiestudenten bereit, mit mir auf den Spuren des Paulus zu gehen, und zwar von Thessaloniki nach Ephesus. Es war geplant, daß einer von ihnen von Anfang an mitgeht und zwei andere später im Auto nachkommen und eine Art Begleitung der Pilger übernehmen. Logischerweise wird dieser Weg hinter der Etappe Passau–Thessaloniki eingeordnet, die aber tatsächlich erst ein Jahr später gegangen wurde.

Apollonia

Am anderen Tag (Donnerstag, 16. März) kamen wir auf der Via Egnatia durch Apollonia (Apg 17, 1). Dort suchten wir nach etwaigen Spuren aus alter Zeit. Nichts mehr war zu finden. Da aber gerade Jausenzeit war, kehrten wir in einem kleinen Gasthaus ein. Eine alte, sehr gütig aussehende Frau bereitete uns Salat mit all den Kräutern, die um diese Zeit gerade im Garten hinter dem Hause aus der Erde hervorstachen. Jedes dieser Kräuter benannte sie uns. Als wir ihr von unserem Unternehmen »zu Fuß auf den Spuren des Paulus« erzählten, leuchtete ihr Gesicht auf, und sie erzählte uns eine Geschichte über den Hagios Paulos: »Hier unten (sie wies zum Volvi-See) ist ein Fels, auf diesem saß einst Paulus, sehr müde, auf seinem Weg von Thessaloniki nach Neapolis. Da kam ein Reiter (griechisch: Kavalla), hob den müden Paulus auf sein Pferd und nahm ihn mit bis Neapolis; seither heißt Neapolis Kavalla.« Eine schöne Legende und zugleich für mich das einzige, was auf diesem Wege von Thessaloniki nach Kavalla–Philippi an Paulus erinnerte. An der großen Straße nach Kavalla, die dem Verlauf der alten Via Egnatia im großen und ganzen folgt, stehen zwar viele kleine Kapellchen auf einem ein bis zwei Meter hohen Eisenpflock. Sie sind voll mit Heiligenbildern des Hagios Georgios, des Hagios Spiridonos, des Hagios Kyrikos und Hagios Vlasios, der Panagia (Gottesmutter); viele Talglämpchen brennen davor, und fast überall findet sich frischer Blumenschmuck – aber nirgends ein Bild des Hagios Paulos. Ja, nicht einmal in Kavalla, dem antiken Neapolis, wo Paulus zum ersten Mal seinen Fuß auf europäischen Boden gesetzt hat, trägt die dort stehende kleine Kirche den Namen des heiligen Paulus; sie ist dem Hagios Nikolaos geweiht, dem Patron der Fischer. Ich war darüber sehr verwundert, doch fiel mir ein, daß auch in der westlichen lateinischen Kirche der Name des Paulus nicht immer hoch im Kurse stand. Erst auf dem Wege über M. Luther und in der Auseinandersetzung mit ihm rückte die Gestalt des Paulus und seine ihm eigene Theologie in den Blickpunkt des theologischen Interesses, auch im Katholizismus. Im orthodoxen Christentum fehlt noch heute jede größere theologische Leidenschaft für den Völkerapostel – auch an Stätten, wo Paulus ging und gelebt hat. Lediglich am Areopag in Athen ist auf einem Gedenkstein die sogenannte Areopagrede eingemeißelt.

11 Stunden sind wir an diesem Tage unterwegs. Es ist bereits unter Tags sehr heiß. Die Füße brennen, und erste Blasen melden sich an. Wir schleppen uns gegen Abend mühsam voran und kommen bis Asprovalta, damals ein Ort mit nur zwei oder drei Gasthäusern, heute ein moderner Badeort mit großen Hotels.

Freitag (17.3.). Der Weg am Meer entlang ist sehr schön. Gegen Mittag überschreiten wir den Strymon und kommen in das antike Amphipolis.

Amphipolis

Diese Stadt wurde im 5. Jahrhundert von den Athenern als »Bollwerk« gegen die Thraker errichtet (Thukydides IV 102). Auf terrassenförmigen Ausläufern des Pangaiongebirges gelegen, vom Strymon umflossen, kam diese Stadt 358 v. Chr. in den Herrschaftsbereich Philipps II. von Mazedonien (*382, †336). Obwohl sie größer und wohlhabender war als Philippi verweilt Paulus nicht länger in dieser Stadt. Gesehen haben muß Paulus das 18 m hohe Löwendenkmal, das Philipp II. zum Gedenken an seinen Sieg über die Athener errichten ließ. W. Elliger (Paulus in Griechenland, S. 31) berichtet, daß die Trümmer des Sockels und der Steinblöcke, die zum Leib des Löwen gehörten, 1916 von britischen Soldaten gefunden, 1936 von einem französisch-amerikanischen Archäologenteam wieder zum Denkmal zusammengesetzt wurden; notwendige Ergänzungen (Unterkiefer, Mähne, Hinterpfoten und Schwanz) fertigte ein griechischer Bildhauer.

Uns selbst geschah bei der Überschreitung des Strymon Böses. Nichts ahnend, daß im Hintergrund eine Kaserne war, machten wir, indem wir ein Schild mit der Aufschrift in vier Sprachen, daß Photographieren verboten sei, nicht beachteten, Photos von Amphipolis und seiner Umgebung. Plötzlich waren an die 10 Soldaten da und rissen uns die Filme aus dem Photoapparat. Jeder von uns hatte schon ungefähr 30 Aufnahmen gemacht. Mein Begleiter war wegen dieser Behandlung dem Weinen nahe. Ich selbst ärgerte mich weniger über die Photos, als über die Hirnrissigkeit solchen militärischen Machtgehabes – als ob nicht durch andere Kanäle mehr verraten werden könnte und wird!

Kavalla

Nach einer Übernachtung in Eleutheropolis waren es am anderen Tag (18.3.) nur noch 18 km nach Kavalla, dem antiken Neapolis. Freilich muß man um der historischen Redlichkeit willen gleich dazufügen, daß bei Paulus vermutlich das Gefühl fehlte, er habe nun einen großen Schritt getan vom Orient, dem kleinasiatischen Troas, nach Kavalla, der ersten Stadt europäischer Prägung, wie wir das heute etwa empfinden müssen. Er war lediglich von einer römischen Provinz in eine andere hinübergefahren, von der römischen Provinz Mysien zur römischen Provinz Mazedonien.

Kavalla ist eine der am schönsten gelegenen und gebauten Städte Griechenlands. Zu Zeiten des Paulus war Neapolis eine kleine Hafenstadt, klein auch die Hafenbucht. Über der Bucht auf der vorspringenden Halbinsel stand damals ein dem Parthenon in Athen nachgebildeter Tempel, heute eine byzantinisch-türkische Zitadelle.

Für einen katholischen oder evangelischen Christen ist wiederum leicht befremdlich, daß die Kirche, die in der Nähe des Hafenbeckens liegt, wo Paulus seinen Fuß zum ersten Mal auf europäischen Boden setzte, nicht dem Hagios Paulos geweiht ist, sondern dem Hagios Nikolaos, dem Patron der Fischer.

Wir finden in der Nähe dieser Nikolauskirche ein Quartier und haben für den Rest des Tages Zeit, uns in Kavalla umzusehen.

Philippi

Am Sonntag, 19. März, gehen wir hinaus nach Philippi. Es wird nicht berichtet, daß sich Paulus lange in Neapolis aufgehalten hätte. Viel wichtiger als Neapolis ist ihm Philippi, an der Via Egnatia gelegen, 17 km landeinwärts. Die Via Egnatia windet sich vom Hafen Neapolis auf einen Sattel von 600 m Höhe hinauf. Auf dieser Strecke bekommen wir auf einige hundert Meter Länge die antike Via Egnatia zu sehen und betreten das Pflaster, auf dem Paulus ging, auf seinen Wegen nach und von Philippi. Die Straße ist etwa zwei Meter breit, mit größeren Steinen gepflastert, von denen manche die Spuren von Wagen- und Karrenrädern tragen. Auf der Paßhöhe des Berges Symbolon steht heute eine orthodoxe Kirche zu Ehren des Paulusbegleiters Silas. Von dieser Anhöhe führt die Straße schnurgerade in die weite Ebene von Philippi hinaus – heute eine Teerstraße, aber 2 bis 3 Meter darunter wäre die Pflasterung der alten Via Egnatia zu finden. Wir gedenken, während wir in die Ebene von Philippi hineingehen, eingefaßt von dem Pangaiongebirge im Westen und vom Orbelosmassiv im Osten, der Schlacht, die 42 v. Chr. für Rom das Ende der republikanischen Staatsform brachte: Die Legionen des Antonius und Oktavian, des späteren Augustus, besiegten die Streitkräfte des Brutus und Cassius. Zehn Jahre später, im Jahre 31 v. Chr., tobte die Seeschlacht bei Actium. Jetzt ging der Kampf des Oktavian (Augustus) gegen seinen Freund von damals, Antonius, und seine ägyptische Verbündete Kleopatra. Die Veteranen jener Schlachten waren die Bewohner der Stadt Philippi, die zur Zeit des Paulus bereits »die erste des Bezirks« (Apg 16, 12) war. Als Stadt gegründet war dieser Ort um 356 v. Chr. von Philipp II. von Mazedonien, dem Vater Alexanders des Großen, »bei seinem

Versuch, sich Stück für Stück das östliche Thrakien zu unterwerfen« (W. Elliger, Paulus in Griechenland, S. 36).

Philippi war für mich, außer Ephesus, die imponierendste Ausgrabungsstätte, die ich auf dem Wege nach Jerusalem sah. Französische Archäologen haben hier gearbeitet. Hinter den Ruinen von Philippi fließt, pappelgesäumt, der Angites. In der Apostelgeschichte heißt es: »Am Sabbat gingen wir durch das Stadttor hinaus an den Fluß, wo wir eine Gebetsstätte vermuteten. Wir setzten uns und sprachen zu den Frauen, die sich eingefunden hatten. Eine Frau namens Lydia, eine Purpurhändlerin aus der Stadt Thyatira, hörte zu; sie war eine Gottesfürchtige, und der Herr öffnete ihr das Herz, so daß sie den Worten des Paulus aufmerksam lauschte.« Unter der Purpurhändlerin Lydia dürfen wir also die erste Konvertitin des Paulus auf europäischem Boden verstehen. B. Schwank weist in einem Aufsatz »Qualis erat forma synagogarum Novi Testamenti?«, in: Verbum Domini 33 (1955), S. 267–279, darauf hin, daß die in Apg 16, 13 genannte proseuché keineswegs nur ein umfriedeter »Gebetsplatz« gewesen sei. Im 1. Jahrhundert n.Chr. ist proseuché auch die Bezeichnung für große, basilikaartige Synagogalbauten. So besaßen Tiberias, Alexandria oder Antiochia in Syrien eine proseuché. Da Philippi durch seine Gold- und Silberbergwerke im nahen Pangaiosgebirge berühmt war und der Handel blühte, wird auch hier eine jüdische Gemeinde gewesen sein und ein würdiges Gebetshaus besessen haben, das als proseuché bezeichnet wurde. Diese Argumentation ist durchaus einleuchtend. Weitere Ausgrabungen auf dem Areal von Philippi könnten Licht in diese Überlegungen bringen.

In Philippi widerfuhr Paulus aber auch weniger Erfreuliches. Nachdem er einer wahrsagenden Sklavin den »Geist« ausgetrieben hatte, wurde er von deren Herrschaft angezeigt, mit Ruten gestrichen und ins Gefängnis geworfen, mit der Beschuldigung, er habe den Stadtfrieden gestört und wolle fremde Sitten und Gebräuche einführen (Apg 16,16–23). Gut und gerne kann auch zu der Zeit, in der Paulus im Gefängnis war, die in

Apg 16, 26–29 berichtete Geschichte »einer wunderbaren Befreiung« sich zugetragen haben. W. Ramsay (zitiert nach G. Faber, Auf den Spuren des Paulus, S. 75) schreibt: »Jeder der hierzulande ein Gefängnis gesehen hat, wird sich nicht wundern, daß die Türen aufsprangen. Jede Tür war bloß durch einen Bolzen verschlossen. Das Erdbeben drängte, als es über den Boden lief, die Türpfosten auseinander, so daß der Bolzen aus seinem Halt glitt und die Tür aufging. Die Gefangenen waren an der Wand oder in hölzernen Fußblöcken festgebunden. Die Ketten und Blöcke wurden aus der Wand gerissen, die so sehr erschüttert worden war, daß sie klaffende Lücken aufwies. Das Wunder bestand nicht darin, daß es bebte, sondern darin, daß es in diesem Augenblick bebte.«

Tröstlich ist in diesem Zusammenhang auch die Bemerkung Apg 16, 33.34: »Er (der durch die seltsamen Umstände äußerst betroffene und zum Christen gewordene Gefängniswärter) nahm ihn in jener Nachtstunde bei sich auf, wusch seine Striemen und ließ sich sogleich mit allen seinen Angehörigen taufen. Dann führte er ihn und seine Begleiter in seine Wohnung hinauf, ließ ihnen den Tisch decken und war mit seinem ganzen Haus voll Freude.« Diese Stelle geht mir deshalb so besonders nahe, weil ich in einer ebensolchen bösen Lage in Janjevo in Jugoslawien von Glaubensbrüdern dort ebenso versorgt wurde. Verständlich, daß dem Paulus diese Gemeinde von nun an sehr am Herzen liegt: er rühmt ihren Glauben und auch ihre Spendefreudigkeit. Schon bei seiner Ankunft in Thessaloniki erhielt er finanzielle Hilfe von der Gemeinde in Philippi (Phil 4, 16); auch während seines Aufenthaltes in Korinth bekam er Unterstützung (2 Kor 11, 9), und als er in Ephesus im Gefängnis war, brachte Epaphroditus persönlich einen größeren Geldbetrag zu Paulus. Ein einzig dastehendes Lob auf die Gemeinde von Philippi steht diesbezüglich in Phil 4,15: »Ihr wißt selbst, ihr Philipper, daß ich beim Beginn der Verkündigung des Evangeliums als ich aus Mazedonien aufbrach, mit keiner Gemeinde durch Geben und Nehmen verbunden war außer mit euch.«

Das Gefängnis zwischen der modernen Autostraße und dem untersten Felsen der Akropolis wird dem Besucher von den Aufsichtsbeamten bereitwillig gezeigt – doch ob es mit dem Gefängnis des Paulus identisch ist, mag dahingestellt sein. Das frühe Christentum jedenfalls hat an dieser Stelle eine Paulus-Gedächtniskapelle geschaffen und, als diese später zu eng wurde, im 5. Jahrhundert eine großräumige Basilika darübergebaut. Sie war »eine der größten frühchristlichen Kirchenanlagen Griechenlands überhaupt; an Ausdehnung – allein der Naos mißt über 40 m – ist sie nur mit der Demetriosbasilika in Thessaloniki und der Lechaionbasilika bei Korinth vergleichbar« (W. Elliger, Paulus in Griechenland, S. 70). Viele Gründe sprechen dafür, daß diese erste Basilika in Philippi beim großen Erdbeben des Jahres 518 zerstört wurde. Nach kurzer Zeit wurde dann mit dem Bau einer neuen, ebenso großen Kirche an der Südseite des Forums begonnen. W. Elliger meint, daß der Baumeister dieser Kirche aus Konstantinopel gekommen sei; vieles weise in dem Konzept auf das Vorbild der Hagia Sophia hin, die 537 vollendet wurde. Freilich hat wohl die Statik durch die Vereinigung einer dreischiffigen Basilika westlicher Prägung mit einem davorgesetzten Kuppelbau byzantinischer Bauart noch nicht vollendet gestimmt, denn »noch vor ihrer Vollendung stürzte die nur aus Ziegeln gemauerte Kuppel ein« (W. Elliger, Paulus in Griechenland, S. 74). Wiederholte Erdbeben und die Erschöpfung der Gold- und Silbergruben im Pangaiongebirge ließen es wohl nicht mehr zu, daß sie nocheinmal aufgebaut werden konnte. »Lediglich eine Apsis wurde im 10. Jahrhundert im Narthex eingebaut, zur Verkleinerung des Gotteshauses auf bescheidenste Dimensionen – ein Spiegelbild der folgenden ›dunklen‹, kulturell und wirtschaftlich armseligen Jahrhunderte« (W. Elliger, Paulus in Griechenland, S. 74).

Einem heutigen Besucher von Filipi (so die heutige Schreibweise) fällt sofort das Forum auf, das ein Rechteck von 100 × 50 m bildet; die Steinplatten freilich, über die man heute nach der Freilegung des Forums durch französische Archäologen schreitet, stammen großenteils aus späterer Zeit. Ins Auge fallen dem heutigen Besucher auch die Mauern und Türme, die vom hoch oben auf der Spitze gelegenen Kastell zur modernen Fahrstraße hinunter reichen; sie stammen zum Teil aus dem 10. Jahrhundert, gehen aber in ihrem Kern auf die antike Mauerbefestigung zurück.

Nach der Besichtigung dieser Paulusstätte fahren wir im Bus zurück nach Kavalla und beziehen wieder unser altes Quartier. Es ist Josefi-Tag. Da mein Begleiter Josef heißt, ist ein kleines Fest in Form eines noblen Essens fällig.

Montag, der 20. März. Wieder auf der »Endlosigkeit« der Landstraßen. Das Programm ist am Wegweiser in Kavalla vorgegeben: nach Xanthi 56 km, nach Komotini wieder 56 km und dann nach Alexandropolis weitere 64 km, von da 43 km an den Ebrus, und damit an die heutige türkische Grenze.

Man müßte ein Übermensch sein, würde man nicht immer wieder sein Unternehmen hinterfragen und aufgeben wollen. Leicht wäre es, alles umzufunktionieren in eine Auto-stop-Tramperei in möglichst ausgefallene Gegenden und an möglichst seltsame Ziele. Aus dem Buch von W. Nigg, »Des Pilgers Wiederkehr«, hatte ich einige Seiten aus dem ersten Abschnitt »Der Pilgrim« unter meinen Halbseligkeiten dabei. Dort heißt es S. 19: »Zwischen dem christlichen Pilger und dem modernen Wanderer besteht bei allen Berührungspunkten wiederum ein ganz tiefgreifender, deutlich zu markierender Unterschied: der eine ist jenseits gerichtet, während der andere in einer innerweltlichen Denkweise gefangen bleibt. Der heutige Trimm-Dich-Wanderer und Weltenbummler läuft im Grunde seinem eigenen Schatten nach. Der christliche Pilger dagegen kennt eine ganz bestimmte, religiöse, außerhalb ihm liegende Zielsetzung, was etwas grundsätzlich anderes ist.« Weiter heißt es S. 20: »Ohne den geringsten Lärm zu machen, gehört der Pilger zu den großen Mahnern und Erweckern, nicht durch Worte, wohl aber durch das eigene Beispiel. Er ist der Mensch, der sich losgerissen hat, der sich aufmachte, der sich in Bewegung befindet, der unterwegs ist, der vom Haus in die Hauslosigkeit geschritten ist. Der Peregrinus ist das Gegenteil jenes geistlosen Banausen, dem Gemütlichkeit mit Klubsessel und Radioanschluß oberstes Ziel bedeutet. Der Pilger ist der Mensch, der von weither kommt und der in seiner Fremdartigkeit nicht ohne weiteres eingeordnet werden kann. Er ist der Hindurchschreitende, dessen Anblick seltsame Schauergefühle hervorruft.«

In der Tat: Befremdet angeschaut zu werden, das totale Unverständnis über dieses Gehen zu Fuß, besonders in islamischen Ländern, war auf vielen Phasen des Weges am härtesten zu ertragen.

Ipsala

Am Donnerstag kamen wir gegen Abend an die türkische Grenze. Wir überschritten den Ebrus auf einer sehr langen Brücke, und am Ende der Brücke standen die türkischen Posten. Mir war etwas unheimlich zumute. Die Griechen, die so unwahrscheinlich gastfreundlich waren, haben es ja immer gesagt: Bei uns geht es euch gut, aber da drüben fürchten wir um euer Leben. Tatsächlich sahen die Soldaten an der Grenze mit ihren platten Helmen und mit ihrem mongolischen Gesichtsausdruck (im Westen dienen wohl Rekruten aus der Osttürkei und umgekehrt) sehr befremdend aus. Doch gleich nach der Grenzkontrollstelle, noch vor Ipsala, war ein Motel, und dort wurden mein Begleiter und ich freundlichst aufgenommen. Die ganze Beklemmung fiel von uns ab.

Die Straße hinter der türkichen Grenze auf Keşan zu bis zur Halbinsel Gelibolu ist wirklich endlos gerade. In die Mühseligkeit des Weges kommt Abwechslung durch einen »Besuch auf der Landstraße«.

Zwei Theologiestudenten aus Eichstätt, Gerd Riese und Georg Knaps, haben sich im Auto aufgemacht und sind uns Fuß-

Ein Stück der antiken Via Egnatia, auf der Paulus von Neapolis nach Philippi ging (Apg 16,12)

Das Forum von Philippi – von französischen Archäologen freigelegt

Philippi. Ruinen der Basilika, die zu Ehren des Apostels Paulus errichtet wurde (im 6. Jahrhundert n. Chr. durch Erdbeben zerstört)

Das Osttor von Troas – Ausgangspunkt des Weges nach Assos

Einziges noch erhaltenes Stück des Weges, auf dem Paulus zu Fuß von Troas nach Assos ging (Apg 20, 13)

Mittagsmahl der Pilger an der Straße vor Pergamon

Pergamon. An dieser Stelle stand der berühmte Zeus-Altar, eines der sieben Weltwunder der Antike (jetzt im Pergamon-Museum in Ost-Berlin)

pilgern nachgefahren. Jetzt, direkt hinter der türkischen Grenze, haben sie uns eingeholt. Der Tagesverlauf ist nun folgender. Ich selbst mache mich jeden Tag sehr früh auf den Weg. Gegen 9.00 Uhr kommen dann die Studenten im Auto. Ich bin jedesmal sehr stolz, wenn ich um diese Zeit schon an die 20 km zurückgelegt habe. Bei diesem »Besuch auf der Landstraße« gibt es meistens schon viel zu erzählen, und ein ausgiebiges Frühstück schmeckt in dieser Runde vorzüglich. Es wurde auch zur Tradition, daß einer der Studenten (meistens Gerd Riese) auf den weiteren Weg mit mir mitmarschierte und die zwei anderen an einem schönen Platz gegen 13.00 Uhr ein Mittagessen »an der Landstraße bereiteten«. Für den Abend besorgten meine Besucher im Auto jeweils ein Quartier.

Diese Abende bei gutem Essen, munteren Gesprächen und guter Geselligkeit gehören zu den schönsten Erinnerungen auf dem langen Weg nach Jerusalem.

Samstag, der 25. März. Der letzte Teil des Weges auf der Halbinsel Gelibolu – rechts das Ägäische Meer, links die Dardanellen – hat sich sehr stark eingeprägt.

Meine »Freunde im Auto« haben für heute Mittag einen besonders schönen Platz direkt am Meer ausfindig gemacht. Es gibt Spätzle und Rinderbraten aus der Dose. Es schmeckt ausgezeichnet. Auf einmal steht vor uns ein einheimischer, jüngerer Mann; er schaut uns lange zu. Wir merken, er ist taubstumm. Plötzlich entfernt er sich, und nach einiger Zeit kommt er wieder und bringt uns grobe Wiesen- und Feldsalate (u.a. Sauerampfer, Feldlattich, Löwenzahn). Sichtlich freut es ihn, als wir sein Mitgebrachtes nach landesüblicher Art – Eintunken der Salatblätter in Essig- und Salzwasser – vor seinen Augen verzehren. Mitessen will er selbst nicht. Später sehen wir, daß er ganz allein armselig vor dem Dorf in einer winzigen Bretterhütte wohnt. Im Orient leben Bresthafte noch heute vor den Dörfern draußen, und sie sind es, denen man zuerst begegnet, wenn man in ein Dorf kommt, wie zu Zeiten Jesu in Palästina.

Was Autofahrer auch nicht erleben, wenn sie durch türkische Dörfer fahren: die Scharen von neugierigen zudringlichen (nicht bettelnden!) Kindern. Es gibt Straßendörfer in der Westtürkei, die bis zu 3 km lang sind. Kommt nun ein Fremder zu Fuß in das Dorf, hat man natürlicherweise Interesse an ihm. Man sieht die Frauen hinter den Gardinen, wie sie den Fremden beobachten. Die Kinder kommen auf die Straße und fragen in vielen Gesten: »Wo kommst du her?«, »Wo gehst du hin?«, »Bist du Englisch, Deutsch, Französisch?« Leicht zu denken, daß sich bis zum Ortsende ein großer Haufen von Kindern um einen scharen. Ich komme mir vor wie der Rattenfänger von Hameln. Alles sehr freundlich, aber doch sehr aufregend. Ich teile Bonbons aus, mache Fotos und erreiche damit, daß ich die Kinder überhaupt nicht mehr losbekomme. Viele begleiten mich noch weit bis aus dem Dorf hinaus. Ein Schrecken und Alptraum für mich, wenn ich auf ein größeres Dorf zukomme.

Gelibolu

Besonders eingeprägt hat sich mir das letzte Stück des Weges an jenem Tag, als es gegen Abend auf Gelibolu zuging. So weit das Auge sehen konnte, grünende Getreidefelder, um diese Zeit schon bis zu zehn und zwanzig Zentimeter aufgeschossen. Der Abend war sehr mild, die Sonne stand schon tief, und aus den Getreidefeldern stiegen ganze Schwärme von Lerchen auf und sangen, als wollten sie sich gegenseitig überbieten. Ich war bewegt; es kam mir vor, als sängen die Lerchen neue Melodien. Oder kann es nicht wirklich sein, daß im Gesang der Lerchen ab und zu in der Gunst der Stunde, auch neue Modulationen vorkommen? Mir jedenfalls schien es, als hätte eine der aufsteigenden Lerchen in ihrem Gesang etwas von dem Lied »Amazing Grace« – »Das Glück der Welt ist oft so klein, daß man es übersieht. Es kann wie eine Blume sein, die im Verborgenen blüht ...«

In krassem Gegensatz zu diesem Lied der Natur steht die Geschichte dieses Stückes Erde um Gelibolu (Gallipoli). Dieser Boden ist blutgetränkt. Über die Hügel hin ziehen sich die Festungsanlagen aus dem 1. und 2. Weltkrieg. Darunter aber und wieder darunter hat man sich die Angriffs- und Verteidigungsanlagen durch drei Jahrtausende zu denken. Immer ist das Land am Hellespont im Brennpunkt großer Politik gestanden. Schon in der Ilias des Homer spielt dieses Land eine wichtige Rolle, besonders die gegenüberliegende Skamandrische Ebene und die Hügelbefestigung Troja. Alexander der Große ist 334 v. Chr. von hier aus auf seinem Kriegszug gegen das Persische Weltreich ans jenseitige Ufer gezogen. Die ersten arabischen Flotten sind im 8. Jahrhundert in die Dardanellen eingedrungen und haben die byzantinischen Herrscher in Konstantinopel erschreckt. Friedrich Barbarossa setzte 1190 auf dem 3. Kreuzzug hier sein Heer nach Asien über. Domdekan Tageno von Passau, der zusammen mit seinem Bischof Diepold und weiteren vier Domherren bei diesem Kreuzzug dabei war, berichtet: »Um den 24. Februar hatten unsere Pilger (peregrini) einen unerträglichen Wind und klirrende Kälte bei Hadrianapolis, von wo aus dann Boten gesandt wurden, um einen sicheren Übergang über den Meerbusen des hl. Georg auszukundschaften, den die Alten Hellespont nannten. Am 1. März verließ der Herzog der Schwaben Hadrianapolis mit seinem Heerzug, am folgenden Tag verließ es der Kaiser mit seinem Heer. Von da gingen wir nach Calliopolis zum Übergang über die Meerenge. Der griechische Kaiser schickte gratis einen Flottenverband von 1500 Schiffen und 27 Galeeren. Sieben Tage lang wurden wir über den Arm des hl. Georg (den die Alten Hellespont nannten) alle wohlbehalten zusammen mit unserem Kaiser übergesetzt; niemand ging dabei zugrunde.«

1453 fiel das tausendjährige glanzvolle Byzanz: Die türkischen Belagerer hatten die Meerenge der Dardanellen fest in ihrer Hand und versorgten auf diesem Seeweg ihre Truppenmassen und verhinderten jeden Entsatz für Byzanz.

Im 1. Weltkrieg hofften die Engländer auf die Eroberung dieser Wasserstraße, um im Rücken der Deutschen und Österreicher eine Front zu eröffnen, und im 2. Weltkrieg suchten die Deutschen diese Landenge zu besetzen, um einen einfacheren Versorgungsweg an die Ostfront über das Schwarze Meer zu bekommen. Heute geht es der Sowjetunion um diese Wasserstraße, um sich endlich den lang ersehnten Zarenwunsch erfüllen zu können: freien Zugang zum Mittelmeer. In der Tat ein geschichtsträchtiger Boden.

In Gelibolu ist die Quartiersuche sehr schwierig. Schließlich finden wir (jetzt vier Personen) einen Unterschlupf. Aber es ist mehr wie ein Soldatenlager vom letzten Krieg; wir machen wieder Erfahrungen mit Wanzen und Flöhen.

Palmsonntag, der 26. März. Ich denke daran, daß heute zu Hause überall Palmsonntag gefeiert wird – hier ist ein gewöhnlicher Werktag. Während ich mir so meine Gedanken mache über Palmsonntags-Brauchtum und -Liturgie, kommt, auf einem Esel reitend, aus dem Dorf, auf das ich zugehe, ein Bauer daher. Hinterdrein eine kleine Schaf- und Ziegenherde. Eine Szene wie aus einem Bilderbuch. Ich schaue ihn entgeistert an, weil er so ganz in das Festgeheimnis des Tages paßt. Schon hat er meine Hand erfaßt und mich auf seinen Esel gehoben. Im schnellen Schritt geht es hinaus auf seine Felder. Dort angekommen, lädt er mich zu einem Frühstück ein: ein Stück Brot, Käse und Kaffee. Ich bedanke mich sehr herzlich, obwohl er mich in die Gegenrichtung gebracht hat. Ich gehe denselben Weg wieder zurück ins Dorf und weiter in Richtung Eceabat zur Fähre nach Çanakkale.

Den ganzen Tag über geht mir die Geschichte mit dem Esel nicht aus dem Sinn. Denkt man bei uns an den Esel, denkt man an die schweren Lasten, die er schleppen muß, denkt man an den armen Esel, der alleingelassen in der gleißenden Sonne stehen muß, denkt man an den melancholisch-lethargischen Blick, aus dem man kein Gefühl ablesen kann – weder der Freude noch des übergroßen Leids. Aber wundern muß man sich über den Esel, wenn er mit seinen schlanken Läufen in leichtfüßiger Gangart selbst in schwierigem Gelände und auf holprigem Pflaster leichter zurechtkommt als Ochs und Kuh und Pferd und Kamel – und der Mensch. Wundern muß man sich über den Esel, wie er seine Antwort gibt auf alles, was er sehen muß und was ihm widerfährt: Da geht ein Zittern durch den schmalen Körper; ganz tief senkt er den Kopf und dann erhebt er ihn zum Himmel und schreit. Es ist ein heiseres, aber durchdringendes Schreien. Es ist wie das laute Stöhnen einer unerlösten, leidenden und geschundenen, gequälten Natur. Es ist wie eine Illustration zu dem Pauluswort: »Die ganze Schöpfung seufzt und liegt in Geburtswehen« (Röm 8, 22).

Der Esel ist überhaupt ein durch und durch biblisches Tier. Schon Abraham bekam von Pharao »Schafe und Ziegen, Rinder und Esel, Knechte und Mägde, Eselinnen und Kamele« (Gen 12,16). Als er entschlossen ist, seinen Sohn Isaak zu opfern, heißt es: »Frühmorgens stand Abraham auf, sattelte seinen Esel, nahm seine beiden Jungknechte und seinen Sohn Isaak, spaltete Holz zum Opfer und machte sich auf den Weg zu dem Ort, den ihm Gott genannt hatte.« Im Buche Numeri (22, 22–35) findet sich eine entzückende Erzählung von einer sprechenden Eselin, die mehr Hintergründiges sah, als der Seher Bileam.

Der Besitz des Esels war in alten Zeiten ein Privileg (Ri 10, 4); später wurde er das Haus- und Lasttier auch des einfachen Volkes (Ex 20, 17). Die Feinde Israels aus dem Norden, die sich auf schnellen Pferden bewegten und ganz anders manövrierfähig waren, brachten den Esel bald ganz und gar in den Ruf eines kriegerisch unbrauchbaren Reittiers. Besser konnten später die unkriegerischen Absichten des Messias-Königs nicht bezeugt werden, als ihn auf einer Eselin reitend beim Einzug in die Heilige Stadt (Sach 9, 9; Mk 11, 1–11) zu schildern.

Die gewagteste theologische Aussage in Zusammenhang mit dem Esel steht in Jes 46, 1–4. Dort wird geschildert, wie die

Eroberer Babylons die goldenen Götzenbilder wegschleppen lassen, sie den Eseln als Last aufladen, daß ihnen fast die Rükken durchbrechen. Der Prophet erläutert dazu: Beim Gott Jahwe, dem Herrn der Herren, ist nichts wegzuschleppen – es gibt keine ehernen und goldenen Götzenbilder von ihm. Im Gegenteil. Er selbst schleppt die Last des Volkes; er selbst packt sich das »Haus Jakob«, den »Überrest vom Haus Israel« auf, wie ein unscheinbarer, zäher Esel, der die Geduld und die Tragsamkeit nicht verliert.

So sagt dieser unser Gott denn auch bei Jes 46, 4: »Ich bleibe derselbe, so alt ihr auch werdet, bis ihr grau werdet, will ich euch tragen. Ich habe es getan und ich werde euch weiterhin tragen, ich werde euch schleppen und retten.«

So weit trägt, theologisch betrachtet, das Bild des Esels. Mir fallen ein paar Verse aus einem Eselsgedicht von Alois Beham (Von Angesicht zu Angesicht, Ried i. Innkreis 1978, S. 73) ein:

Sein Nam zu Schimpf und Spott verloren
Ist er zu Höherem erkoren.

Ihr wißt, daß einst im Heilgen Land
Er fromm an Gottes Wiege stand.

Er half zur Flucht der Königin
Trug auch den HERRN *– als Eselin.*

Gedulden ist, was Gott gefällt
Drum hat er ihn so hoch erwählt!

Ich selbst darf höchster Gunst mich wähnen,
Sollt mich einer Esel nennen.

Tatsächlich wird der Esel in manchen Mittelmeerländern sehr geachtet. So sagen z. B. die Mütter in Bosnien, Herzegowina und Mazedonien zu ihren kleinen Kindern, wenn sie einen Esel sehen und fragen: »Mama, was ist das?« – »Das ist ein Esel, ein heiliges Tier; er war im Stall von Bethlehem, trug Jesus und Maria auf der Flucht nach Ägypten und trug Jesus beim triumphalen Einzug nach Jerusalem. Weil er soviel mit dem Herrn zu tun hat, trägt er ein Kreuz auf dem Rücken.« Die Mütter zeigen dann ihren Kindern, daß der (etwas dunklere und struppigere) Haarwuchs am Rücken des Esels vom Hals zum Schwanzansatz und von den vorderen Läufen herauf zum Rücken die Form eines Kreuzes aufweist.

Eine andere schöne Geschichte über den Esel wird von Bischof Marčelic erzählt. Als er auf einer Visitation in seiner Diözese Dubrovnik (Südkroatien) unterwegs war, sah er einen Bauern, wie er erbarmungslos auf seinen Esel einschlug, weil er sich nicht vom Fleck weg rührte. Dabei fluchte er fürchterlich. »Warum schlägst Du den Esel so?«, fragte der Bischof den Bauern. »Weißt Du denn nicht, daß der Esel ein heiliges Tier ist, weil er doch sogar schon Jesus auf seinem Rücken trug?« – »Das weiß ich schon«, antwortete ihm der Bauer. »Jesus ist zwar auf einem Esel nach Jerusalem hineingeritten, aber wenn er auf diesem geritten wäre, wäre er heute noch nicht dort angekommen.«

In Eceabat ist schon die ganze Mannschaft versammelt. Wir setzen mit der Fähre über nach Çanakkale und finden gleich hinter der Anlegestelle der Fährschiffe ein Quartier für die Nacht.

Troja

Montag, 27.3. Ab Çanakkale auf der Europastraße 5, die über Izmir – Efes – Isparta nach Tarsus führt, begann das echte Wallfahrtsleiden. Die Straße ist mit grobkörnigem Schotter geteert. Die Fußsohlen brennen bei jedem Schritt. Zum Glück ist diese große Überlandstraße nur 200 km lang »modernisiert«. Nach 27 km auf dieser Straße kommt man zur Abzweigung nach Troja. Das Herz klopft buchstäblich, wenn man vor dem Wegweiser steht: Nach Troja 5 km. Diese Stätte, die jeden humanistisch Gebildeten soviel beschäftigt hat – positiv die einen, Schwerenöter auch negativ: Homers Verse waren nicht immer leicht zu übersetzen. Das homerische Troja (heute Truva), wieder berühmt geworden durch die Ausgrabungen des deutschen Archäologen H. Schliemann (*1822, †1890), beansprucht einige Zeit zur Besichtigung. Neun Schichten Trojas gibt es: Troja I bis Troja VI umfaßt den Zeitraum 3000–1300 v. Chr.; Troja VII (1300–1100 v. Chr.) ist die Stadt, die Homer besungen hat. In dieser Epoche fand der trojanische Krieg statt. Daß es bei diesen Kämpfen wirklich um die Entführung Helenas ging, vermag ich nicht zu glauben. Wahrscheinlich ging es um die Beherrschung der Meerengen. Die Griechen hatten blühende Kolonien an der Schwarzmeerküste und wollten ihren Gewinn auf sicherem Weg nach Hause bringen. Daran wurden sie von den Trojanern gehindert, und es kam zum Krieg. Troja VIII (1100–350 v. Chr.) besuchte der Perserkönig Xerxes, und Troja IX (350 v. Chr. – 400 n. Chr.) sah Alexander der Große (334 v. Chr.).

Da die Römer glaubten, von den Trojanern abzustammen (Vergil, *70, †19 v. Chr., schildert das in den Gesängen sechs bis zwölf der Aeneis), zeigten sie stets großes Interesse an Troja und bauten es großartig auf. Julius Cäsar kam nach der Schlacht bei Pharsalos (48 v. Chr.) nach Troja und opferte den Ahnen. Kaiser Augustus hat Troja das Ius Italicum zugesprochen; es bedeutete Steuerfreiheit wie für italische Städte.

Mir bleibt von Troja in ständiger Erinnerung eine Schildkröte.

Vier Stufen führen hinauf zum eingezäunten Ausgrabungsgelände. Auf der obersten Stufe stand eine Schildkröte und schaute mit keck herausgestrecktem Kopf auf mich Ankömmling – wie mir schien – milde lächelnd herab, als ob sie sagen wollte: Ich bin schon lange da, obwohl ich doch nur ganz langsam vorwärtskomme. Ich überlegte, daß sie mir tatsächlich viel voraus hat; denn sie, die bis zu 150 Jahre alt werden kann, hat bis zum Troja Homers vielleicht erst 20 Generationenfolgen hinter sich, während es bei uns Menschen schon an die 90–100 sind. So gesehen stimmt die berühmte Beweisführung

Zenons, des Eleaten, daß man eine Schildkröte nie überholen kann, auch wenn sie täglich nur einige Meter zurücklegt; sie ist schon immer da, wo wir erst hin müssen.

Es stimmt also, was ein Dichter sagt: Sie rennen gar nicht viel und kommen doch vor uns ans Ziel.

Schildkröten (es handelt sich dabei um die griechische Landschildkröte, die an die 30 cm lang ist) sah ich sehr viele auf dem Wege durch die Westtürkei. Die Wärme lieben sie ungemein und setzen sich deshalb stundenlang mit höchstem Behagen den Strahlen der Mittagssonne aus, und sie sonnen sich besonders gern auf der warmen Teerdecke der Straße. Oft sah ich sie auch die Straße in selbstmörderischer Weise überqueren. Deshalb begegnet man auf den Straßen dort ebenso vielen überfahrenen Schildkröten wie bei uns plattgewalzten Igeln, Hasen und Katzen. Nicht nur einmal habe ich mir diese Exemplare an die Brust genommen und ihnen eine Lehre geben wollen. Aber was nützt das, wenn auf der anderen Seite der Straße verlockende Nahrung oder gar der geliebte Partner zu erwarten ist. Mir fiel dabei eine lyrische Überlegung von Rudolf Otto Wiemer »Chance der Bärenraupe, über die Straße zu kommen« (Ausgewählte Gedichte, Freiburg–Heidelberg 1980, S. 56) ein, die zwar auf eine Bärenraupe gemünzt ist, aber durchaus auch auf die Schildkröte übertragen werden kann:

»Keine Chance. Sechs Meter Asphalt.
Zwanzig Autos in einer Minute.
Fünf Laster. Ein Schlepper. Ein Pferdefuhrwerk.

Die Bärenraupe weiß nichts von Autos.
Sie weiß nicht, wie breit der Asphalt ist.
Weiß nichts von Fußgängern, Radfahrern, Mopeds.

Die Bärenraupe weiß nur, daß jenseits
Grün wächst. Herrliches Grün, vermutlich freßbar.
Sie hat Lust auf Grün. Man müßte hinüber.

Keine Chance. Sechs Meter Asphalt.
Sie geht los. Geht los auf Stummelfüßen.
Zwanzig Autos in einer Minute.

Geht los ohne Hast. Ohne Furcht. Ohne Taktik.
Fünf Laster. Ein Schlepper. Ein Pferdefuhrwerk.
Geht los und geht und geht und geht und kommt an.«

Der Drang zum Leben ist bei den Schildkröten gerade im Monat April sehr intensiv. Das Liebesleben der Schildkröte geht sehr laut vor sich, denn »der Paarung geht ein lang andauerndes heftiges Werben der Männchen voraus. Nicht selten kommt es zu Rivalitätskämpfen zwischen zwei Männchen, die sich dabei gegenseitig mit Rammstößen ihrer Panzer bearbeiten. Mit erstaunlicher Geschwindigkeit läuft bei den Landschildkröten das Männchen hinter dem zunächst fliehenden Weibchen her, beißt es immer wieder in die Vorderbeine und rammt es mit kräftigen, ruckartigen und weithin hörbaren Stößen seines Panzers, wobei es seinen Kopf einzieht. Nicht selten sind die Bisse derart heftig, daß es zu ernsthaften Verletzungen kommt« (Grzimeks Tierleben VI, S. 81). Es gibt in dieser Gegend auch viele Süßwasserschildkröten, die sich in langsam fließenden Bächen, Weihern und Seen aufhalten. Man wird in dieser Zeit der ersten warmen Sonne auf sie aufmerksam, weil man sie in ihrem Liebesspiel heftig mit dem Panzer sich rammen hört. Geht man auf sie zu, verschwinden sie blitzschnell in die Tiefe, um sich im Schlamme oder unter Wurzeln und Blättern zu verbergen. »Ihre Sinnesfähigkeiten scheinen weit schärfer zu sein, als es bei den Landschildkröten der Fall ist, und ihre Begabung scheint die der letztgenannten in jeder Hinsicht zu übertreffen. Sie merken es sehr wohl, wenn sie beunruhigt werden, und einzelne offenbaren eine List und Vorsicht, welche man ihnen nicht zutrauen möchte, wählen sich die am günstigsten gelegenen Schlupfwinkel und beachten klüglich gesammelte Erfahrungen« (Brehms Tierleben IV, S. 326).

Troas

Das nächste Ziel »auf den Spuren des Paulus« war die in hellinistisch-römischer Zeit blühende Hafenstadt Alexandreia Troas – eine Stadt, in der sich Paulus dreimal aufgehalten hat. Im Gegensatz zum homerischen Troja (30 km entfernt) ist dieses »paulinische« Troas sehr schwer zu finden. Eine Wegskizze möge allen Besuchern dahin den Weg in Zukunft leichter machen:

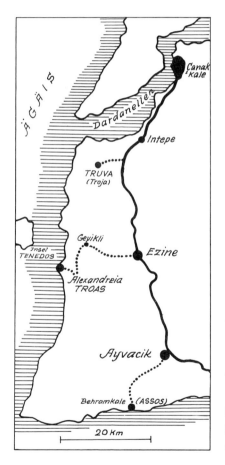

Troas wurde um 310 v. Chr. von Antigonos, einem General Alexanders des Großen, gegründet; die Stadt hieß nach ihm »Antigoneia Troas«. Lysimachos wandelt später den Namen in Erinnerung an den großen Alexander in Alexandreia Troas um, wobei die Zufügung Troas zur Unterscheidung von Alexandreia in Ägypten diente. Dieser Name Troas ist dann als Städtename geblieben. Um sich ein Bild von der Lage und Bedeutsamkeit Troas zu machen, mag eine Skizze wieder hilfreich sein.

Der Hafen von Troas mit einem kleinen Vorhafen lag in sicherem Schutz der Küste; ein Hügelrük-

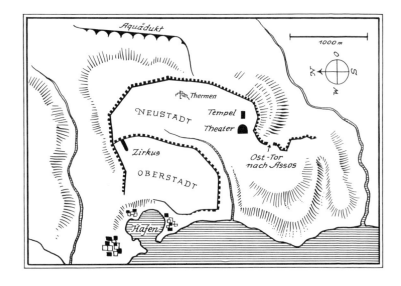

ken umzog ihn. Die Hafeneinfahrt ist heute mit Sanddünen verschüttet, im Hafenbecken aber ist noch Wasser. Auf den ersten Blick hielt ich dieses Hafenbecken für einen dem Meer vorgelagerten Weiher. Erst bei näherem Hinsehen kann man die Spuren des Hafens und der dahinterliegenden Stadt ausmachen. Von den Trümmern der Oberstadt ist im Grundriß noch ein Zirkus am besten erhalten. Hinter ihr dehnte sich, getrennt durch ein Bachtal, die Neustadt aus mit Thermen, einem dorischen Tempel und einem in eine Hügelwand geschnittenen Theater mit Blick weit auf das Meer hinaus. Das alles umgeben von einer Stadtmauer. In der Stadtmauer zum Osten hin sind noch das Stadttor, aus den Trümmern herausragend, zu sehen und Reste eines Äquadukts. Ansonsten stehen auf dem Areal, das einmal Troas war, Steineichen. Dazwischen liegen Sojabohnenfelder. Verschiedene Erdbeben haben die Bevölkerung und damit die ehemalige Größe ausradiert. Die Archäologie hätte hier ein großes Feld von Aufgaben. Wichtige Hinweise für die Geschichte des Urchristentums könnten hier erwartet werden. Manche Überraschung könnte unter diesen Trümmern ruhen.

Im Neuen Testament wird Troas mehrmals erwähnt. Paulus setzte von hier aus auf seiner ›zweiten Missionsreise‹ um das Jahr 49 erstmals nach Europa über (Apg 16, 8.11).

Schiffsreisen in der Antike

Wie ging das in der Antike zu, wenn jemand zu Schiff reiste? Wer verreisen wollte, der ging zum Hafen und suchte ein Schiff, das in die gewünschte Richtung fuhr. Passagierschiffe gab es nicht. Die Handelsschiffe boten keinen Komfort. Der Reisende oder dessen Diener mußten für die Verpflegung selber Sorge tragen, je nach den persönlichen Bedürfnissen. Lebensmittel und Weinvorräte mußten bis zum nächsten Hafen reichen. Nach der Wahl des Schiffes buchte der Reisende die Passage beim magister navis, dem ›Schiffsmeister‹. Er war für die geschäftliche Seite einer Reise und die Wartung des Schiffes zuständig. Zugleich war er oft der Eigentümer des Schiffes oder dessen Stellvertreter. In der Hand des Kapitäns, des Gubernators, lag die technische Seite. Kabinen gab es nur für diese beiden und auf großen Frachtern für Würdenträger und sehr Reiche. Jeder andere schlief auf Deck unter einem zeltartigen Schutzdach, das die Diener abends und morgens auf- und abbauten. Das Essen kochten sie zu festgesetzten Zeiten in der Kombüse. Am Abreisetag mußte man sehr aufpassen, um die Ankündigung des Herolds, der die Abfahrt bekanntgab, nicht zu überhören; denn es gab keinen festen Fahrplan. Man wartete eben auf den erwünschten Wind.

Paulus war sehr viel auf Schiffen unterwegs. »Die Art, wie die Apostelgeschichte über die Reisen des Paulus berichtet, läßt viele Leser übersehen, daß sie von zahlreichen Seereisen des Paulus spricht« (E. Haenchen, Apostelgeschichte, S. 666–686); so, direkt oder indirekt, in: Apg 9, 30; 11, 25f; 13, 4; 13, 13; 14, 26; 16, 11f; 17, 14; 18, 21. Ausführlich hat Lukas nur zwei Seereisen des Paulus dargestellt. Die von Philippi (Apg 20, 6) nach Cäsarea (Apg 21, 8) wird mit allen Zwischenstationen beschrieben: Troas, Assos, Mytilene, Samos, Milet, Rhodos, Patara, Tyrus, Ptolemais. Die zweite ausführlich dargestellte ist die Romreise (Apg 27, 1–44; 28, 11–13).

Bei seiner dritten Missionsreise (die ihn noch einmal nach Philippi, Thessaloniki und Korinth führte) hielt er sich auf dem Rückweg eine Woche hier auf. Gegen Ende dieses Besuches predigte er durchgehend bis in die Nacht hinein. Dabei ereignete sich die Episode mit dem jungen Eutychus, der während dieser langen Predigt einschlief und aus dem Fenster des dritten Stockes in den Hof des Hauses stürzte. Paulus kümmerte sich um den Totgeglaubten, der lebend in den Saal hinaufgebracht wurde, und führte die Liturgie mit dem Brechen des Brotes zu Ende (Apg 20, 6–12). Beim Morgengrauen machte er sich auf den Weg nach Assos – er allein. (Apg 20, 13: »Wir gingen voraus zum Schiff und fuhren nach Assos, wo wir Paulus an Bord nehmen sollten; so hatte er es angeordnet, weil er selbst zu Fuß gehen wollte.«)

Assos

Merkwürdigerweise ließ Paulus seine Begleiter allein mit dem Schiff weiterfahren, während er selbst zu Fuß die Römerstraße von Troas nach Assos zurücklegen wollte. Verständlich, wenn man »auf den Spuren des Paulus« zu Fuß unterwegs ist, daß man besonders diesen Weg gehen will, auf dem Paulus mit Sicherheit auch zu Fuß ging. Die Entfernung Troas–Assos beträgt in Luftlinie 35 km. Die heutige Autostraße von Troas führt über Ezine und Ayvacik nach Assos und beträgt 60 km. Auf diesem Wege kann Paulus nicht gegangen sein, weil diese Straße erst in der Neuzeit angelegt wurde, den anderen Weg aber gibt es nicht mehr.

Ich selbst ließ es mir nicht nehmen (Dienstag, 28.3.), von Troas auf Assos zuhaltend, über Hügel und Täler, kleineren Wegen kreuz und quer folgend, diesen alten Weg zu suchen. Vom Osttor des alten Troas führte zunächst eine kleine Sandstraße in südliche Richtung. Zwei Stunden marschierte ich auf dieser Straße, bis ein Wegweiser auf ein antikes römisches Schwefelbad aufmerksam machte. Das Bad scheint von der ländlichen Bevölkerung heute noch benützt zu werden. Die antiken Steinbadewannen sind noch vorhanden, sie stehen in provisorischen Hütten. In den Wannen und um die Wannen herum und überhaupt am ganzen Platz liegt viel gelber schwefeliger Dreck, so daß die Stelle, in einer Bachsenke liegend, kaum zu passieren ist. Auf der Anhöhe zunächst wieder das kleine Sandsträßchen und dann auf einmal, nach ungefähr 100 m, stößt man auf den antiken Römerweg, gepflastert wie die Via Egnatia, aber nur etwa 1 ½ m breit, nicht ganz schnurgerade, sondern sich etwas schlängelnd. Große Freude! Nie habe ich in der Literatur bisher irgendwo gelesen, daß es diesen Weg noch gibt. Ich setzte mich lange hin, schaute auf den Weg und hätte fast diese Pflastersteine wie Reliquien verehren mögen. Auf diese Steine hat Paulus seinen Fuß mit ziemlicher Sicherheit gesetzt. Welche Gedanken mögen ihn bewegt haben, als er hier ging? Freude? Beunruhigung? Bewegten ihn neue Pläne? Für mich begann eine lange Meditation: Ein Sich-Hineindenken in die theologische Gedankenwelt des Paulus. Nach ungefähr 1 km über einen kleinen Hügel hinweg kam ein Dorf. Von diesem Dorf an gab es zunächst zwei Sandstraßen, aber so breit, daß auch Autos darauf fahren konnten. Eine dieser Straßen führte rechts in Richtung zum Meer hinaus, die andere verlief in südöstlicher Richtung, ungefähr in Richtung Assos. Klar, daß ich diesem Weg folgte; er führte über Berge mit bizarren Felsblöcken zu kleinen Dörfern, aber in einem der Dörfer war dann der Weg aus. Wirklich aus! Dahinter gab es nur mehr Ziegenpfade und zwar viele in vielen Richtungen. Ich irrte in Richtung Assos, plagte mich auf eine Anhöhe hinauf in der Hoffnung, dort einen besseren Überblick zu finden. Wieder nichts. Ein Tal mit einem Rinnsal von Wasser, dahinter wieder eine Anhöhe. Es wurde Nachmittag, es wurde Abend. Kein Mensch, nur Schafe und Ziegen da und dort. Der Durst wurde zur entsetzlichen Qual. Wasser aus den Rinnsalen, aus denen Schafe und Ziegen tranken, verbot ich mir zu trinken. Noch vor Einbruch der Dunkelheit kam ich zu drei ziemlich verfallenen Hütten. Kein Brunnen irgendwo. Plötzlich sah ich eine Frau aus einer der Hütten kommen. Ich grüßte sie und flehte sie um suda = Wasser an. Sie aber erschrak sehr, verschleierte sich und wandte sich ab. Wieder kein Wasser. Wie grausam dieser muslimische Allah, der den Frauen verbietet, mit einem Fremden zu sprechen, ihn anzuhören und ihm zu helfen! Ich irrte in Richtung Süden weiter, weglos. Kurz vor Einbruch der Dunkelheit traf ich endlich einen Schafhirten mit seiner Herde. Er kam meiner Bitte nach Wasser gleich nach, brachte einen großen Plastikkrug voll davon, und in einer Gier ohnegleichen habe ich alles ausgetrunken. Der Alte wies mir den Weg zur »Hauptstraße«, die nach Gülpinar ging. Ich kam um Mitternacht nach Gülpinar, und von dort waren es noch einmal 32 km nach Assos. An ein Quartier war um diese Zeit nicht zu denken und so ging ich gleich weiter und erreichte Assos am frühen Morgen. Der Weg von Gülpinar her kommt direkt auf der Burghöhe über Assos an. Der Blick auf Assos, den Hafen, auf das Meer, auf die aufgehende Sonne, war bewegend.

Große Freude, Befreiungsgefühle stiegen in mir auf. Erst langsam wurde mir klar, was ich da riskiert hatte: das ganze Gebiet, das ich in der Nacht durchwandert hatte, war militärisches Sperrgebiet. Nun war es Zeit, an die Stadt zu denken, die Paulus gesehen hat, und an ihre Geschichte. Die Stadt Assos (heute Behramkale) stand unter den verschiedensten Herrschaften: unter Lydern, Persern, unter Alexander und seinen Nachfolgern. Von 241–133 v.Chr. gehörte sie zu Pergamon, von 133 v.Chr.–330 n.Chr. zu Rom. Die Akropolis und die untere Stadt waren von starken Mauern umgeben, die in ihrem Kern teils bis in das 4. Jahrhundert v.Chr. zurückgehen. Von den öffentlichen Bauten wurden bisher ausgegraben: die Agora, ein unregelmäßiger Platz, der auf zwei Seiten von mehrgeschossigen Hallen umgeben war; das Buleuterion (Rathaus), das Theater; das Gymnasion, in dessen Palästra später eine christliche Basilika gesetzt wurde.

Nach einer längeren Rast und einem Frühstück mit Schafskäse, gutem türkischem Brot und einem Bier, Marke ›Efes‹, machte ich mich auf den Weg nach Edremit – jetzt aber brav auf der Hauptstraße. Durch diese unerwarteten Schwierigkeiten bedingt, hatten meine Autobegleiter und ich uns aus den Augen verloren. Auf dieser Hauptstraße trafen wir uns wieder.

Es ist Mittwoch in der Karwoche, der 29. März. Die Straße ging zunächst durch Wälder und senkte sich dann auf die Meeresebene hinab; jetzt links Wälder und rechts das Meer. Es kann um diese Zeit, Ende März, schon sehr heiß sein, an die 30 Grad. Eine frische Brise vom Meer her tat gut. Gegen Mittag versuchte ich ein kurzes Bad im Meer. Ich war bester Dinge; fühlte mich nach diesem Abenteuer befreit und glücklich. Mitten in diese gelöste Urlaubsstimmung mischte sich aus heiterem Himmel die rauhe Wirklichkeit dieser Welt. Aus Richtung Edremit kam ein breiter Chevrolet und blinkte mit der Lichthupe; hinter mir kam ein schwerer Militärlastwagen und blinkte ebenfalls mit der Lichthupe. Wen geht das an? Direkt vor mir trafen sich beide Autos. Aus dem schweren Chevrolet stiegen fünf Offiziere der türkischen Armee aus, in ihrer Mitte ein älterer Mann. Vom Militärlastwagen sprangen ein Dutzend bewaffneter Soldaten herab. Sie brachten einen verschüchterten jungen bärtigen Mann und stellten ihn vor die Offiziere. Mir schoß blitzschnell der Gedanke durch den Kopf, daß ich diesen jungen Mann auf der Titelseite einer türkischen Zeitung gesehen hatte; ihn und einige andere bärtige junge Männer. Der ältere Herr in Zivil richtete einige Worte an den jungen Mann. Dieser schwieg. Der Herr schlug ihm darauf zweimal mit der Faust ins Gesicht. Der junge Mann schwieg weiter. Jetzt kamen die Herren Offiziere der Reihe nach und schlugen auf den jungen Bärtigen ein. Ein Soldat gab ihm später einen Schlag mit dem Gewehrkolben in die Magengegend, worauf der Bärtige der Länge nach, mit dem Bauch nach oben, auf die Straße fiel. Mit den spitzen Schuhen trat man auf den Hingestreckten, trat ihm in die Weichen, auf die Schenkel, schlug gegen seine Ohren, daß das Blut herausquoll. Ich stand drei Meter daneben, durfte nicht weitergehen und mußte zusehen. Daran anschließend mißhandelten die Soldaten den ohnehin schon kaum mehr lebenden, traten auf ihn, packten ihn schließlich an den Beinen und schleiften ihn quer über die Straße und warfen ihn wie einen Kadaver auf das Lastauto. Das ganze dauerte etwa 10 Minuten. Zu mir waren eben diese Peiniger nun freundlich und bedeuteten weiterzugehen, nachdem mein Reisepaß kontrolliert worden war. Mich schüttelte das Grauen. Diese Grausamkeit zerwühlte mein Gemüt. Zwei Tage später erst kam für mich Licht in dieses Geschehen. Eine linksradikale Studentengruppe von der Universität Ankara hatte Geiseln genommen – NATO-Angestellte in Sinope. An die Regierung wurden verschiedene Forderungen gestellt, für sozialen Fortschritt, Demokratisierung und dergleichen. Die Regierung ging auf diese Forderung nicht ein, ließ das Haus, in dem die Geiseln festgehalten wurden, stürmen. Die linksradikalen Studenten erschossen die drei Geiseln und wurden selbst erschossen. Nach weiteren Mitgliedern der linken Gruppe wurde gefahndet. Der bärtige junge Mann, der so grausam zertreten wurde, war einer davon, der alte Herr sein Vater, der mit den Faustschlägen seinen Sohn als den Gesuchten identifizierte und sich zugleich von seinem Sohn distanzierte. Mir tat der junge Mann sehr leid. Bei den sozialen Verhältnissen in der Türkei, bei dem Fatalismus und bei der Zukunftslosigkeit für viele in diesem Lande kann ich solch radikales soziales Engagement verstehen.

Als ich dann in Edremit meine Begleiter traf, vermochten sie dem, was ich zu erzählen hatte, kaum Glauben zu schenken, aber in den Zeitungen waren Bilder von drei weiteren solchen jungen Männern, die auf der Straße in ihrem Blut lagen.

Anderntags beim Weitergehen – es war Gründonnerstag

(30.3.) – mußte ich fortwährend an das Geschehen um Jesus denken. In der Leidensgeschichte heißt es »... und die Soldaten schlugen ihn«. So ist es also, wenn Soldaten zulangen. Nach diesem Vorfall war natürlich meine Freude am Gehen in diesem mir jetzt noch mehr fremd gewordenen Land sehr getrübt. Mehrmals am Tage wurde ich dann von patrouillierenden Soldaten kontrolliert. In Edremit kam sogar eine Mannschaft Geheimpolizei in das Quartier, das wir genommen hatten. Ich gab Auskunft über meine Absichten und der Trupp verabschiedete sich freundlich. Freilich, die mehrmaligen Paß- und Leibeskontrollen in den jeweiligen Distrikten mußte ich weiter über mich ergehen lassen.

Edremit hat übrigens auch eine kleine Verbindung zu Paulus, auch wenn er auf seiner dritten Missionsreise über Ephesus–Troas–Philippi nicht selbst nach Edremit gekommen sein sollte, was nicht genau auszumachen ist: Das Schiff, das Paulus nach seiner Appellation an den Kaiser in Rom von Cäsarea nach Rom bringen sollte, hieß »Adramyttium«, d.h. es hatte den Heimathafen in Edremit. Freilich mußte Paulus in Myra, an der kleinasiatischen Südküste, das Schiff wechseln (Apg 27, 1–8).

Am Abend dieses langen Marschtages (56 km) hatten wir in Ayvalic eins der besten Quartiere auf dem ganzen Wege bis hierher. Diese Stadt liegt am Meer und ist städtebaulich sehr schön, auch – ganz untürkisch – sehr sauber; eine bereits vorzüglich ausgebaute Touristenstadt.

Zum Abendessen gab es gebratenes Lammfleisch und gute Zutaten. Auf unserem Zimmer sangen wir noch, weil Gründonnerstag war, die Hallel-Psalmen und lasen die Pessach-Haggada.

Pergamon

Karfreitag (31.3.). Schon um 4 Uhr früh mache ich mich auf den Weg. Nach Pergamon sind es 63 km. Es ist sehr heiß an diesem Tage. Viele kleine Teehäuser sind am Wege. Ich mache öfters Halt zu einer Tasse Tee; im übrigen marschiere ich sehr zügig und komme schon um 16.30 Uhr nach Pergamon. Ich habe nun noch genug Zeit für die Sehenswürdigkeiten dieser Stadt. Pergamon (heute: Bergama) wird von den Bächen Ketios und Selinos umflossen und erhebt sich 333 m über einer weiten, fruchtbaren Ebene. Reste der Königsburg, das imposante antike Theater an der westlichen Burghalde, 15 000 Personen fassend, die Universität und das Asklepieion sind erhalten. Das Asklepieion von Pergamon, auf einem Hügel hinter dem Burgberg, galt als das »Lourdes der Antike«; aus aller Welt kamen die Kranken herbei, unterzogen sich den Wasserkuren, den Gymnastikübungen und auch den religiösen Übungen zu Ehren des Gottes Asklepios. Ich kann mir, nachdem ich Lourdes kenne, also gut vorstellen, wie es hier einmal zugegangen ist.

Ein Amphitheater mit 3500 Sitzplätzen diente der Zerstreuung der Kranken. Einem deutschen Eisenbahningenieur mit Namen C. Humann (1878) verdanken wir die Ausgrabungen von Pergamon und auch die Entdeckung eines der sieben Weltwunder der Antike, des marmornen Zeusaltars von Pergamon. Das Relief seines 130 m langen und 2,30 m hohen Frieses stellte den Kampf der Götter mit den Giganten dar. Heute steht der Zeusaltar im archäologischen Museum in Ost-Berlin. Berühmt war auch die pergamenische Bibliothek, die größte nach der in Alexandria in Ägypten. Viele antike Bücher, die ich gelesen habe, sind hier einmal gestanden – besser gelegen, da es ja Rollen waren, nicht gebundene Bücher wie heute.

König Eumenes II. von Pergamon (* 197, † 160/59 v.Chr.) war darauf aus, die Bibliotheksbestände von Alexandria noch zu überflügeln. Ägypten antwortete mit einem Verkaufsstop von Papyrus. In Pergamon entwickelte man nun das Pergament, das aus Ziegenleder angefertigt wurde und welches sich über die Jahrhunderte hin als viel dauerhafter erwies als Papyrus. Von Paulus wissen wir, daß er sich des Pergaments bediente. Als Feder diente dabei das Rohr des Kalamos-Schilfs, die Tinte war mit Ruß angemacht. »Seht, mit wie großen Buchstaben ich euch schreibe mit eigener Hand« (Gal 6, 11). Soll das heißen, daß er eine rauhe, billige Qualität von Pergament benützte, so daß er nicht kleiner schreiben konnte? Oder wollte er mit der großen Schrift die Eindringlichkeit der Worte herausstreichen?

Mir bleibt vom Asklepieion in Pergamon in Erinnerung, daß nach einem sehr heißen Tag (etwa 35 Grad) gegen Abend, als ich es betrat, sehr milde Winde über die ganze Anlage strichen, und daß ich am Heilquell, der in einem dicken Strahl aus einer in Stein gefaßten Wand kam, einige Becher voll dieses gerühmten Wassers in mich hineingoß. An Vorsichtsmaßregeln in bezug auf Sauberkeit oder Trinkbarkeit des Wassers dachte ich gar nicht. Hat es denen damals geholfen, soll es mir heute nicht schaden! In unserem Quartier lasen wir nach dem Abendessen die Leidensgeschichte.

Karsamstag, 1. April. Von Pergamon nach Izmir sind es 90 km. Davon wollte ich an die 70 km noch an diesem Tag zurücklegen. Früh, schon um 4 Uhr hieß es, sich zu erheben und dieses ›Tagwerk‹ anzufangen. Nicht allzu gern beginne ich mein Tagespensum um diese frühe Stunde. Die Erfahrungen haben mich in dieser Hinsicht vorsichtig gemacht. Wenn nämlich der Muezzin vom Minarett der verschiedenen Moscheen mit einer Sure vom Koran den Morgen (um diese Zeit gegen 5 Uhr) ausruft, beginnt in den Dörfern die Betriebsamkeit, und Rudel von wilden Hunden, die in den Dörfern nächtens die Abfälle durchstöbert und aufgeräumt haben, verdrücken sich aus den menschlichen Behausungen weg in ihre Schlupfwinkel in den Wäldern. Trifft man nun als einzelner Fußgänger auf die wilden Meuten, ist ein Kampf mit diesen Bestien nicht zu umgehen. Diese wilden Hunde, in Rudeln von 5–10 Tieren, sind groß wie Schäferhunde. Da geht es um »Das-sich-durchsetzen«, um »die Vorfahrt«. Der Meute den Rücken zu kehren, würde bedeuten, von hinten zerfleischt zu werden. Nach vorne zu gehen, verlangt, gegen die Anführer des Rudels ohne Furcht anzugehen. Urige Kriegsrufe gegen die Meute, zum Einschüchtern und zum Mutmachen für sich selbst, sind der erste Schritt zum Sich-durchsetzen. Sich um Steine bücken und in die wild bellende Meute hineinfeuern, ist ein zweiter Schritt. Auf Tuchfühlung gehen mit den fletschenden Mäulern und sich überhaupt nicht fürchten, ist der dritte Schritt. Neue urige Rufe und neues sich Bücken um Steine und in den Haufen hineinwerfen, bringt die ersten Feiglinge unter den Hunden zum Abdrehen. Der Kampf gegen die restlichen Tapferen ist dann nur mehr eine Sache der ruhigeren Nerven. Fünf solcher Hundekämpfe am frühen Morgen hatte ich zu bestehen; den ersten bei Xanthi in Thrakien, weitere bei Komotini, hinter Keşan, hinter Troja und jetzt hinter Pergamon. Nach dem Kampf zittert der ganze Körper nach, und trotz der frühen Morgenstunde spürt man den Schweiß auf dem Rücken. Von Verhaltensforschern habe ich im Nachhinein gehört, daß meine Kampfgewohnheit gegen diese Art von Wolfs-Schäferhunden genau richtig war.

Nach bestandenem Hundekampf, sehr früh am Morgen, geht der Weg den ganzen Tag durch eine nicht sehr schöne Gegend. Beflügelt von dem nahen Ziel Izmir (Smyrna) und besonders Ephesus, vermag ich jetzt in den ersten Stunden des Tages an die acht Kilometer pro Stunde zurückzulegen. Freilich, gegen Mittag läßt sich dieses Tempo nicht mehr durchhalten, doch ist es gegen Abend durchaus noch einmal zu erreichen. Sehr spät komme ich ins Quartier in Menemen, 20 km vor Izmir.

Ostersonntag, der 2. April. Um der aufgehenden Sonne am Ostertag entgegenzugehen, machen wir uns – Georg Knaps geht heute mit – schon um 4 Uhr auf den Weg. Wir warteten auf den Sonnenaufgang und hatten schon unseren Ostergesang parat. »Am ersten Tag der Woche, früh am Morgen, kamen sie zum Grab des Herrn ...«. Doch die Sonne blieb hinter den Wolken, nur ein kleines Auffrischen des Windes zeigte den Sonnenaufgang an. Mein Begleiter, der so früh am Morgen noch nie mit mir ging, kannte die Zeit und die Vorgänge in der

Natur beim Sonnenaufgang nicht und schaute um 6 Uhr noch nach Osten, um endlich sein »vespere autem Sabbati« anstimmen zu können. Gegen 7 Uhr klärte ich ihn auf, daß um 5 Uhr schon alles passiert sei. Um 10 Uhr kamen wir dann in Izmir an. Die »Auto-Begleiter« trafen wir wie vereinbart vor dem Bahnhof; sie hatten bereits ein gutes Quartier für uns bestellt.

Nun hatten wir Zeit, Ostern zu feiern. In Izmir gibt es auch eine katholische Kirche; die erste, die wir bisher auf dem Wege in der Türkei antrafen.

Izmir

Am Nachmittag schlendern wir durch Izmir. Den besten Blick hat man vom Pagos aus, den Hügel im Rücken der Stadt, der den alten Hafen umschließt. Auf dem unteren Teil des Hügels liegen die Agora und das Theater. Ich denke an den heiligen Bischof Polykarp, der in diesem Theater den Märtyrertod um 156 n. Chr. erlitt. Hunderte aus Smyrna sind bis ins 4. Jahrhundert seinem Beispiel gefolgt, wie man im Martyrologium Romanum lesen kann.

1415 eroberten die Türken unter Mohammed I. Celebi Smyrna, wohl unter den üblichen Begleitumständen der grausamen Ausmerzung der Christen. Im Vertrag von Sèvres 1920 wurde von den Alliierten den Griechen die Verwaltung über das Gebiet Izmir zugesprochen. Die Türken eroberten am 9. September 1922 unter Kemal Paša Atatürk Izmir zurück: die Stadt wurde niedergebrannt; 250 000 Griechen, Armenier, Juden und was sonst nicht türkisch war, wurde ins Meer getrieben oder kam in den brennenden Häusern um. Der einzige Fluchtweg war: über das Wasser hinaus zu den vor Anker liegenden Kriegsschiffen der Alliierten.

Unter den Einwohnern leben heute höchstens noch zweitausend Christen verschiedener Konfession, und das in einer Stadt, die im ersten Jahrhundert eine starke christliche Gemeinde hatte und an die eines der sieben Sendschreiben der Offenbarung des Johannes gerichtet war, Apk 2, 8–10: »An den Engel der Gemeinde in Smyrna schreibe: So spricht Er, der Erste und der Letzte, der tot war und wieder lebendig wurde: Ich kenne deine Bedrängnis und deine Armut; und doch bist du reich. Und ich weiß, daß du von solchen geschmäht wirst, die sich als Juden ausgeben; sie sind es aber nicht, sondern sind eine Synagoge des Satans. Fürchte dich nicht vor dem, was du noch erleiden mußt. Der Teufel wird einige von euch ins Gefägnis werfen, um euch auf die Probe zu stellen, und ihr werdet in Bedrängnis sein, zehn Tage lang. Sei treu bis in den Tod; dann werde ich dir den Kranz des Lebens geben.«

Ostermontag (3.4.) Von Izmir nach Ephesus sind noch 90 km. Ich beschloß, dieses Stück in einem Tag- und Nachtmarsch zurückzulegen und richtete es so ein, daß ich in den frühen Morgenstunden in Ephesus ankam.

Ephesus

Den Weg ins antike Ephesus nahm ich natürlich auf der »Arkadiana«, der Prachtstraße, die vom alten, jetzt versandeten Hafen her ins Zentrum der Stadt und zum Theater führte. In einem der obersten Ränge dieses Theaters setzte ich mich und versuchte mir das Leben dieser Stadt und der Menschen in ihr vor Augen zu führen. Über meinen Rücken rieselten Gefühle der Freude. Der innere Blick verfolgte den Weg zurück, die großen Stationen: Troas – Philippi – Thessaloniki – Serbien – Ungarn – Wien – und dahinter Passau...

Ich weiß nicht, wie lange ich so in Gedanken der Freude und der Dankbarkeit dasaß. Nur langsam wendete ich mich der vor mir liegenden Wirklichkeit zu: den Ruinen des antiken Ephesus und den Bedürfnissen des Lebens. Schließlich bin ich die ganze Nacht hindurch marschiert; jetzt meldete sich doch die Müdigkeit, die ich anfangs über der Euphorie des Ankommens am gesteckten Ziel, Ephesus, nicht gemerkt hatte. Bald sind meine »Besucher auf der Landstraße im Auto« auch da. Wir nehmen Quartier, und nachmittags und am folgenden Tag haben wir viel Zeit zur Besichtigung von Ephesus und zum Bedenken seiner Geschichte.

Kennzeichnend für die Siedlungsgeschichte von Ephesus ist, daß es ›wandern‹ mußte, weil sich seit der Antike der Küstenverlauf immer mehr nach Westen hinausgeschoben hat. Archäologisch lassen sich drei Siedlungsplätze unterscheiden: das heutige Dorf Seldschuk, das Artemision mit der archaischen Stadt (7. Jh. v. Chr.) und die hellenistisch-römische Stadt, von der sehr viel erhalten ist.

Da ist die schnurgerade, auch damals besonders prunkvolle »Arkadiusstraße«, so benannt nach Kaiser Arkadius (*395, †408 n. Chr.), der dieser Straße die heutigen Ausmaße gab: 500 m lang, 21 m breit, allein 11 m maß die Fahrbahn; je 5 m breit waren die begleitenden Säulenhallen, von denen man in die dahinter liegenden Geschäfte kam. In einer Ehreninschrift für den Erneuerer wird vermerkt, daß diese Straße in der Nacht durch zahlreiche Öllampen erleuchtet war. Da sind die weitläufigen Hafenthermen und das Hafengymnasium, die umfangreichen Sportanlagen mit den einst überdeckten Laufbahnen, da ist die Agora mit dem großen quadratischen Verkaufsmarkt, mit Hunderten von Werkstätten und Läden; an seinem Eingangstor wurden die Besucher durch eine stadtväterliche Inschrift gewarnt: »Wer hierher pißt, wird verklagt werden.« Man sieht die Reste des gewaltigen Serapis-Tempels, die Kuretenstraße mit Hausnummer 1, einem Freudenhaus. In der Kuretenstraße standen auch auf Sockeln die Statuen verdienter Bürger und hoher Beamter, dort stand der Hadrianstempel (errichtet nach 117 n. Chr.), das Nymphäum, eine Brunnenanlage, zu Ehren Kaiser Trajans (*53, †117) errichtet. Direkt am ephesinischen Markt, am Beginn der Kuretenstraße, steht die zweistöckige Celsus-Bibliothek, errichtet 92 n. Chr. von T. Julius Celsus, Senator und Konsul, vollendet von einem Sohn des

Stifters gegen 135 n. Chr. Die Celsus-Bibliothek wird gerade vom österreichischen Archäologischen Institut mit großer Mühe und hohem finanziellen Aufwand wieder in seiner ursprünglichen Gestalt aufgerichtet.

Die Gestalten aus lange vergangener Zeit bedrängen mich an diesem Ort; eine markante Stimme glaube ich zu hören: »Nichts bleibt, wie es ist; nichts steht fest auf den Füßen; alles verändert sich; das Leben ist Veränderung.« So lehrte in Ephesus vor gut zweieinhalb Jahrtausenden der Philosoph Heraklit (*550, †480 v. Chr.). Er entstammte einer alteingesessenen ephesinischen Priesterfamilie, wollte aber nicht Priester, sondern freier Denker sein. Leben ist Werden und Vergehen, schrieb er: »Panta rhei« – alles fließt, alles gleitet vorüber. Über die Ephesier weiß Heraklit nicht viel Gutes zu sagen (H. Diels, Die Fragmente der Vorsokratiker): »Recht täten die Ephesier, sich Mann für Mann aufzuhängen allesamt und den Nicht-Mannbaren ihre Stadt zu hinterlassen, sie, die Hermodoros, ihren wertvollsten Mann, hinausgeworfen haben mit den Worten: Von uns soll keiner der wertvollste sein oder, wenn schon, dann anderswo und bei andern« (Fragment 121). »Für der Lehre Sinn gewinnen sie nie ein Verständnis, weder ehe sie ihn vernommen noch sobald sie ihn vernommen« (Fragment 1). »Hunde bellen das an, was sie nicht kennen« (Fragment 97). »Bestände das Glück in körperlichen Genüssen, so müßte man die Ochsen glücklich nennen, wenn sie Erbsen zu fressen finden« (Fragment 4). »Möge euch nie der Reichtum ausgehen, Ephesier, damit eure Schlechtigkeit an den Tag kommen kann« (Fragment 125a). »Eigendünkel ist des Fortschritts Rückschritt« (Fragment 131).

Was die Ephesier, zu verschiedenen Epochen, religiös im Sinn gehabt haben, läßt sich natürlich nicht mehr eindeutig sagen. Offiziell und wohl allgemein verbindlich war der Kult der Göttin Artemis, sicher wurden es auch mehr und mehr die Festlichkeiten zu Ehren der Kaiser in Rom, denen gerade in Kleinasien göttliche Ehren erwiesen wurden. Unter der Hand und inoffiziell gab es wohl an die zwei Dutzend Sekten. Darunter hat man sich auch durch lange Jahre die christliche Gemeinde vorzustellen. Paulus selbst kam zum ersten Mal nach Ephesus wohl um das Jahr 52 n.Chr. Apg 18, 18–22: »Paulus blieb noch längere Zeit. Dann verabschiedete er sich von den Brüdern und segelte zusammen mit Priszilla und Aquila nach Syrien ab. In Kenchreä hatte er sich aufgrund eines Gelübdes den Kopf kahlscheren lassen. Sie gelangten nach Ephesus. Dort trennte er sich von den beiden; er selbst ging in die Synagoge und redete zu den Juden. Sie baten ihn, noch länger zu bleiben; aber er wollte nicht, sondern verabschiedete sich und sagte: Ich werde wieder zu euch kommen, wenn Gott es will. So fuhr er von Ephesus ab, landete in Cäsarea, zog (nach Jerusalem) hinauf, begrüßte dort die Gemeinde und ging dann nach Antiochia hinab.« Bei seiner 3.Missionsreise kommt er wieder nach Ephesus – Apg 19, 8–10: »Er ging in die Synagoge und lehrte drei Monate lang freimütig und suchte sie vom Reich Gottes zu überzeugen. Da aber einige verstockt waren, sich widersetzten und vor allen Leuten den (neuen) Weg verspotteten, trennte er sich mit den Jüngern von ihnen und unterwies sie täglich im Lehrsaal des Tyrannus. Das geschah zwei Jahre lang; auf diese Weise hörten alle Bewohner der Provinz Asien, Juden wie Griechen, das Wort des Herrn.«

Der Aufenthalt des Paulus von somit $2^1/_2$ Jahren in Ephesus ist aus anderen Gründen von größter Bedeutung. In Ephesus hat Paulus die für die neutestamentliche Literatur besonders wichtigen Briefe geschrieben: den 1.Korintherbrief, einen verlorengegangenen sogenannten »Tränenbrief« an die Korinther, nach Meinung verschiedener Exegeten den Galaterbrief, den Philipperbrief, den Philemonbrief, und sollte der Kolosserbrief wirklich von Paulus verfaßt sein – worüber die Meinung der Fachleute geteilt ist –, wäre auch dessen Abfassung für Ephesus zu postulieren.

Es ist nicht ganz sicher, ob Paulus, der auf seinen Missionsreisen öfters ins Gefängnis kam, auch in Ephesus eingesperrt wurde. In der Apostelgeschichte wird nichts davon erwähnt. In seinem Brief aber an Philomen schreibt Paulus als Gefangener. Auch im 1. Korintherbrief ist verschiedentlich von Verfolgung und Todesgefahr die Rede (1 Kor 15, 30–32), und im 2. Korintherbrief, den er auf dem Wege von Ephesus über Philippi nach Korinth schrieb, ist viel über vergangene böse Zeiten reflektiert: 2 Kor 1, 8–11; 11, 23–33; 12, 10. Daß Paulus in Ephesus auch im Gefängnis war, ist auch der außerbiblischen Tradition zu entnehmen. In Ephesus wird heute noch der sogenannte »Paulusturm« gezeigt, ein Turm in der ehemaligen Stadtmauer in der Nähe des Hafens. Sicher ist, daß dieser Turm zur Zeit des Paulus schon stand und als Gefängnis benutzt wurde.

Es ist einfach unvorstellbar, daß Ephesus, diese einst so große und reiche Stadt an der Westküste Kleinasiens, vor zweitausend Jahren die größte der römischen Provinz Asia, über viele Jahrhunderte unter Sand, Sumpf und Pflanzen vollständig verschwunden war.

Bis zum Jahre 1869 hat man z. B. nicht mehr gewußt, wo genau der Tempel der Artemis, eines der sieben antiken Weltwunder, gestanden hatte. Der Engländer I. T. Wood entdeckte schließlich, nachdem er sieben Jahre umsonst Grabungen gemacht hatte, mit Hilfe einer römischen Inschrift aus der Zeit des Kaiser Trajan in der Rückwand des Theaters die Lage dieses Tempels. In der Inschrift hatte sich ein römischer Neureicher namens Salutarius verewigt: Eitel bestimmte er in dem hier aufgesetzten Text, daß die von ihm gestifteten goldenen Weihegeschenke während der Artemisien durch die ganze Stadt getragen werden müßten, zu jedermanns Anblick. Glücklicherweise hat er den Weg genau beschrieben: vom Tempel über die Feststraße und durchs Coresische Tor zum Theater und dann wiederum über die Feststraße, aber diesmal durchs Magnesische Tor, zum Tempel zurück. Anhand dieser leicht nachprüfbaren Wegangaben hat der Engländer den Tempelplatz aufgespürt.

Zur Zeit des Apostels Paulus stand der Tempel in seiner ganzen Pracht: 125 m lang, 60 m breit, das Dach mit den Giebeln auf 18 m hohen jonischen Säulen, so daß die Gesamthöhe an die 25 m betrug (zum Vergleich: der Parthenontempel auf der Akropolis in Athen ist nur 67 m lang und 23,5 m breit).

Im Innern des Tempels stand die Statue der Artemis. Das Museum von Selçuk bewahrt ein guterhaltenes Exemplar. Das schönste aus honiggelbem Alabaster steht im Nationalmuseum von Neapel.

Zu den im Frühjahr (Mai) stattfindenden »Artemisien«, einem der Göttin geweihten Fest, strömten im Altertum Pilger aus allen Teilen des römischen Reiches nach Ephesus. Die Silberschmiede, die kleine Nachbildungen des Tempels und des Götterbildes anfertigten, konnten an diesen Tagen ein ausgezeichnetes Geschäft verbuchen. Als nun die Christengemeinde größer und einflußreicher wurde, fürchteten die Silberschmiede für ihren Souvenir-Absatz, rotteten sich im Theater zusammen und demonstrierten gegen die Christen. Demetrius, ein Silberschmied, ergriff das Wort (Apg 19, 24–27): »Männer, ihr wißt, daß wir unseren Wohlstand diesem Gewerbe verdanken. Nun seht und hört ihr, daß dieser Paulus nicht nur in Ephesus, sondern fast in der ganzen Provinz Asien viele Leute verführt und aufgehetzt hat mit seiner Behauptung, die mit Händen gemachten Götter seien keine Götter. So kommt nicht nur unser Geschäft in Verruf, sondern auch dem Heiligtum der großen Göttin Artemis droht Gefahr, nicht mehr zu gelten, ja sie selbst, die von der ganzen Provinz Asien und von der ganzen Welt verehrt wird, wird ihre Hoheit verlieren.«

An das westliche Stufengeviert des Artemision brandete ursprünglich das Meer. Der Kaystosfluß hat soviel Geröll und Schlamm abgesetzt, daß die Küste weit nach Westen gerückt ist. Das Artemision hat fast tausend Jahre bestanden; errichtet etwa um 700 v. Chr. wurde es 263 n. Chr. von den Goten zerstört. In die Ausgrabungsstätte drängte mittlerweile das Grundwasser herauf – nichts als ein Tümpel erinnert an das große Heiligtum. Ironie des Geschickes: Gerade in diesem Tempel quaken in ihrer hohen Zeit (April) unzählige Frösche einen irdischen Choral, dazu bereitet die Natur einen Teppich von weißen Tümpelblumen; die Verehrung der großen Erdmutter und Fruchtbarkeitsgöttin Artemis geht weiter.

Sieht man sich in den Souvenirläden um, hat man gar nicht den Eindruck, als ob hier die Artemis-Verehrung im Mittelpunkt gestanden hätte, schon eher Dionysisches. O. F. A. Meinardus (Die Reisen des Apostels Paulus, S. 147 f.) vermerkt zu Recht: »Denn wo wir auch hinsahen, auf Postkarten im Groß- und Kleinformat, aus Marmor, Sandstein, Messing, Kupfer oder Holz werden Hunderte von Phallusfiguren des Gottes Bes angeboten.« Diese kleine Tonfigur des Phallusgottes Bes entdeckten die österreichischen Archäologen im Bordell an der Kuretenstraße in den fünfziger Jahren. Seither ist dieser Phallusgott vom internationalen Tourismus anscheinend zum Stadtgott erhoben worden.

Doch nicht nur von dem Tempel der Artemis steht heute kein Stein mehr auf dem andern – auch von der fünfschiffigen, 130 m langen und 60 m breiten Kreuzkuppelkirche, die Kaiser Justinian (* 527, † 565 n. Chr.) im 5. Jahrhundert über dem Grab des Johannes des Theologen errichten ließ, ist nicht mehr viel vorhanden.

Natürlich muß man auch, wenn man schon in Ephesus ist, zur Panaja Kapoulü, auf einen Berg über Ephesus gelegen, hinaufgehen: Eine kleine byzantinische Kirche unter schattigen Laubbäumen. Viele kommen zum Beten, breiten vor dem Muttergottesbild die Arme aus, knien oder sitzen. Ein Ort, an dem man gerne an Maria denkt, die hier verehrt wird. Aufgrund der Visionen der Augustinernonne Katharina Emmerick soll dort das Haus gestanden haben, in dem sich Maria in Ephesus in der letzten Zeit ihres Lebens aufhielt und wo sie starb. Tatsächlich fand man auf der Höhe des Ala Dagh über Ephesus die Ruinen einer kleinen Kirche, die zwar »nur« aus dem 4. Jahrhundert stammt, aber »über dem Rest eines Hauses errichtet worden ist, das unzweifelhaft aus der ersten Hälfte des 1. Jahrhunderts stammt« (P. Bamm, Frühe Stätten der Christenheit, S. 99).

Diese Auffassung ist abgeleitet von der traditionellen Vorstellung über die Verfasserschaft des Johannes-Evangeliums. Nach ihr sei Johannes, der (Lieblings)-Jünger, nach Ephesus gekommen und habe getreu dem Auftrag Jesu am Kreuze (Joh 19, 26.27 zu Maria: »Frau, siehe dein Sohn« ... und zu Johannes: »Siehe, deine Mutter!«) sich um Maria gekümmert und sie zu sich genommen, auch, als er nach Ephesus ging. Hier habe er das Johannes-Evangelium geschrieben.

Daß sich Maria tatsächlich in Ephesus aufgehalten und hier ihr Grab gefunden habe, ist eine der Traditionen über die letzten Tage und über das Grab Marias. Andere Traditionen sagen, Maria sei auf dem Sion zu Gott heimgegangen. Der Syrer Jakob von Sarug berichtet im 5. Jahrhundert, daß Maria in Jerusalem gestorben und am Fuße des Ölberges begraben worden sei – in der heutigen Kirche des Mariengrabes, was eine hohe Wahrscheinlichkeit für sich hat (s. bes. die Studie von C. Kopp, Das Mariengrab, Paderborn 1954).

Mir scheint es aber nicht unangebracht, daß gerade in Ephesus ein so altehrwürdiges Marienheiligtum aus dem 4. Jahrhundert besteht. Hier fand schließlich 431 n. Chr. ein Konzil statt, das die Lehre des Nestorius von Konstantinopel, wonach Maria nur die Mutter der menschlichen Natur Jesu und nicht auch der göttlichen Natur sei, verwarf und als rechtmäßige Lehre die »Gottesmutterschaft« Marias – die Aussage von Maria als Theotokos = Gottesgebärerin – festlegte, Maria als Gottesmutter: Natürlich sollte damit über Christus wichtiges ausgesagt werden. Aber es ist, wie wenn von der alten Tradition des Ortes, an der der große Artemis-Tempel stand, etwas nachgeklungen hätte. Schließlich hat es die Kirche auch immer verstanden, »heidnische Bäche in den Strom der christlichen Frömmigkeit zu leiten« (P. Bamm, ebd., S. 96). Man erinnere sich, daß hier über tausend Jahre die großen Artemis-Feste stattfanden.

Ein ganz großer Tag neigt sich dem Ende zu. Am Mittwoch, den 5. April, ist großer Aufbruch. Zwei von den Studenten (G.

Riese und J. Prinz), die mich im Auto auf der Landstraße begleiteten, fahren über Izmir–Thessaloniki–Belgrad–Salzburg nach Hause zurück; der andere der Studenten (G. Knaps) fährt mit mir auf der anatolischen Eisenbahn bis Burda, von dort in der Nacht mit dem Schiff über das Marmara-Meer nach Istanbul. Von hier fliegen wir um 11 Uhr ab nach München.

Aufzeichnungen meines Begleiters G. Knaps über den Weg von der türkischen Grenze bis Ephesus
»Und drüben auch / Bei Smyrna und hinab / Bei Ephesos bin ich gegangen.« So dichtet Friedrich Hölderlin in seinem späten Hymnus ›Der Einzige‹. Gegangen ist er freilich den Weg mit den Flügeln des Pegasos, wir aber gingen ihn, wie es originär lautet, per pedes apostolorum. Wir sind diesen Weg von Ipsala, wo wir uns trafen, bis hinab nach Ephesus zu Fuß gegangen, auf Straßen der Türkei, vormals Straßen der hellenistischen Ökumene, dann des römischen Reiches, später Straßen muslimischer Kalifate, Straßen, auf denen Paulus nach Westen zog, später gen Jerusalem die Kreuzritter. Immer auf Straßen, die zwischen Osten und Westen eine Achse bilden. Wir sahen, was die Perlenkette dieses Weges zusammenreiht: Priamos Feste und zu Ephesus die Ruinen der Konzilskirche. Wir sahen es kaum durch den Photoapparat, denn wir erwanderten es, modern und anachronistisch zugleich, wie nur Neutestamentler es sein können, kritisch und zugleich jenseits aller Kritik, weil die Füße und nicht das Gehirn uns der Wirklichkeit zutrugen. Was wir machten war keine Bildungsreise, auch nicht Tourismus gehobenen Niveaus, lediglich Wanderung hin zum Ursprung. Was sollte auch sonst der Weg gen Jerusalem sein? Mit uns gingen die homerischen Gesänge und die apokalyptischen Sendschreiben. Wir schlürften griechischen Kaffee und nippten an türkischen Teegläsern. Die endlosen Straßen in der sommerlichen Wärme eines orientalischen Frühlings. Immer im Blickfeld der blaue Horizont aus Gebirge und Meer, dahinter der unsichtbare Anziehungspunkt: das Ziel, welches alles Unter-

wegs mit Ankunft segnet. Die türkische Fähre hebt für Minuten den Fußweg auf. Wir überqueren den Hellespont an der engsten Stelle von Europa nach Asia, hier, wo der Jüngling Leander ertrank auf dem Weg zur Priesterin Hero, seiner nächtlichen Liebe. Mißgunst löschte das nächtens weisende Licht. Jetzt aber lautester Tag, nur in uns Stille aus Erinnerung an alles, was jemals hier geschehen. Die bizarre Empfindung türkischer Dörfer, eines Lebens unter Schleier und patriarchalischer Monotonie, surenhaft mittelalterlich auch nach Atatürk. Kinder, die staunend hinter den Wanderern herlaufen. Sind die verrückt oder so arm, nicht einmal den Omnibus zahlen zu können?

Das tägliche Pilgerritual: Aufbruch im Morgengrauen, der pilgernde Professor, begleitet von studierenden Weggefährten. Zehn Uhr dann am Straßenrand die erste Pause. Der nachgefahrene Volkswagenvariant holt sie ein, die Autohaube wird geöffnet: windgekühltes Löwenbräu, als sei eigens ein bayerischer Habbakuk herbeigeflogen. Leute, trinkt's! Und es schmeckt. Nach geleerter Dose weiter. Nach den ersten zwanzig die nächsten fünfzehn Kilometer. Der Variant läßt die Gehenden hinter sich, die beiden Vorausgefahrenen werden das Mittagessen am Straßenrand herrichten. Gegen ein Uhr erwartet alle Gasgekochtes aus Konservenbüchsen. Kärgliches Mahl bei köstlicher Rast. Dann die dritte Tagesetappe. Immer derart geplant, daß des Abends am Rand einer türkischen Stadt die Ankömmlinge zwei vorausgeschickte Kundschafter erwarten und ihnen sagen: kommt wir haben Quartier gefunden. Einkehr, Frischmachen, Brot und Wein, eine selige Müdigkeit, vor dem Einschlafen noch gelesen, was im Merian von Land und Geschichte erzählt wird. Wo immer wir sind, ob in Truva, Edremit, Bergama: in älterer Lesart kehren biblische Erinnerung und humanistisches Bildungsgut zum Vormaligen ein: Troja also, wo wir den ersten Gesang aus der Ilias lesen, enttäuscht von den dürftigen Resten, die Schliemann ans Licht hob, zugleich unendlich verzaubert: hier spielt es, was der blinde Sänger in die unauslöschliche Erinnerung eines Volkes hineinsang. Im griechischen Adramyttium. Fuhr nicht der Völkerapostel mit einem hier beheimateten Schiff gegen Rom? Pergamon, das überwältigende Erleben einer griechischen Akropolis. Ein Skelett von Grundmauern schaut in den wolkenlosen Himmel, das Dazugehörende steht auf der Museumsinsel in Ostberlin. Wer würde schon in Worms eine Marktfrau am Samstagmorgen fragen, ob sie von Krimhild wüßte? Vielleicht, daß in Würzburg einem auffiele, wie die Erinnerung an den Minnesänger immer noch sein legendäres Grab mit Blumen schmückt. Aber hier: alles Souvenir und touristisch. Wir lesen die Markus-Passion, Karfreitag in Pergamon. Was noch zu sehen ist, wird amerikanisch angepriesen: Holz vom trojanischen Pferd und gefälschte Kaisermünzen zu Pergamon. Wir erwandern eine Vergangenheit, die im wörtlichsten Sinne nur mehr biblisch ist: den Büchern anvertraut, diesen stummen Trägern ältester Erinnerungen. Nicht umsonst ist uns der Bücherkoffer, der immer dabei sein muß, ebenso unentbehrlich wie Landkarte, Vorrat an Konserven und Wundpflaster. All dies braucht es, um weiterzukommen. Und immer bei jedem Schritt das überschattende Wissen: Paulus war hier, hier wanderte der Herold des gekommenen Gottes, in einem unvorstellbaren Tempo, getrieben vom Geist, im Traum gerufen, Europa zu betreten, die damalige Ökumene durcheilend mit seiner Botschaft. Wir können uns nicht sattsehen an der Landschaft, ihre Majestät belohnt die tägliche Mühe des Wanderns. Wir genießen die unvergleichliche Art orientalischer Gelassenheit, heißt man uns in einer Teestube zu Gast. Doch immer wieder die überwältigende Natur. Keine Blume am Wegrand bleibt unbesehen. Paulus sah dieses Land, er hat es ja per pedes apostolorum durchwandert. Oder muß es nicht besser heißen: er hat es durcheilt, immer den vor Augen, der ihm seit dem Sturz vor Damaskus als rettendes Licht aufgegangen war. Mit keinem Wort erwähnen seine Briefe das Gesehene. Ein hektisches Stenogramm von Städten, Gemeinden und Provinzen, ausgeformt allein sein großer Cantus firmus: der gekreuzigte Christus und des Gottes törichte Weisheit. In einem Gespräch über seinen missionarischen Eifer fällt die Bemerkung, daß in christlicher Zeit erstmals Petrarca das Erlebnis der Landschaft beschrieb. Die Renaissance als Beginn des perspektivischen Sehens, zuvor alles in monumentalem Ikonenstil, umgeben von der goldenen Aura des Unsichtbaren. Wir denken in grüne Richtung: die von Grün und den Dingen der Natur gesättigte Sehweise der synoptischen Evangelien, Jesu Galiläa lebendig und alles noch leibhaft, sein Blick für das Anschauliche und des Lebens bunte Vielfalt. Von all dem kein Wort bei Paulus, dem rabbinischen Giganten neutestamentlicher Theologie. Die Füße brennen uns, nicht weniger aber die Herzen. Wir gehen Gedankengänge auf heute türkischen Straßen: homerisch, biblisch, historisch. Wir ziehen in Richtung Jerusalem auf Homers grüner Wiese Asia mit modernen Straßenkarten. Unvorstellbar wird uns im islamischen Land: all dies war vormals blühende Gegend junger Gemeinden, und überall sangen sie hier bis ins achte Jahrhundert des Christos anesti, ja noch bis zu Beginn des dritten Jahrzehnts des 20. Die großen Namen werden genannt: Basiälios, Gregor von Nyssa, der von Nazianz, Arius, Athanasios, Ignatios, der Presbyter Johannes. Nach dem Rückgriff auf die Kirchenväter schweift das Gespräch nach Deutschland und der akademischen Landschaft seiner kirchlichen Theologie. Wir sprechen von Eichstätt, von bayerischen Episkopen, von Trient ist die Rede und von Rom und was aus Tübingen kommt. All dies hinten weit in der Türkei. Die verschiedenen Provenienzen streiten miteinander auf dem Weg nach Jerusalem. Nach zwanzig Tagen Wanderschaft kommen wir in Menemen an. Der Muezzin ruft bei Sonnenuntergang über dröhnende Lautsprecher zum Gebet nach Mekka auf. In den Kirchen des katholischen Erdkreises werden die Osterfeiern hergerichtet. Wir wissen es, wir denken daran. Bald, wenn das Gedröhne der Suren verstummt ist, wird man mit dem Exsultet beginnen, und eine Woche darauf ruft im Phanar der ökumenische Patriarch das

Christos anesti seiner kleinen Herde zu. Wir wissen es, doch wir hören nichts davon in der kleinen türkischen Stadt. Die Leute sind überaus freundlich, wir lernen sie immer mehr schätzen. Ihre Art, gastlich und menschlich zu sein, macht uns beschämt.

»Et valde mane una sabbatorum orto iam sole« brechen wir zur Ostersonntagsetappe nach Smyrna auf. Gegen Mittag erreichen wir Izmir. Wir gedenken des Polykarp, Bischofs und Blutzeugen des zweiten Jahrhunderts, und der zwei Millionen Griechen, die zu Beginn unseres Jahrhunderts hier den Genozid erlitten. Jetzt noch zwei Tagesmärsche, bis Ephesus erreicht ist. Vom Artemistempel nur mehr unansehnliche Schuttreste, die gloriose Ruine der Johannesbasilika. Der liebenswürdige Türke im Wärterhaus des Museumsbezirkes bittet uns, einen Liebesbrief an seine deutsche Freundin stilistisch zu überarbeiten. Eine weiße Marmortafel erinnert in römischer Antiqua an den Besuch des römischen Bischofs Paul VI. Die Rede ist von Artemiskult und Mariendogmen. Zwei von uns besuchen das legendäre Haus Mariens. Kapuziner geben ihm eine Aura von Altötting, Muslime entzünden Miriam eine Kerze.

Der Wanderweg für diesmal ist zu Ende, geschafft und erwandert: Erfahrung gewonnen, Vergangenes durchlaufen, um freieren Blick zu haben für ein Morgen mit besserem Gelingen. Als wir in München ankommen, meldet die Tageszeitung den Tod des ökumenischen Patriarchen Athenagoras. In Eichstätt beginnt das Sommersemester 1972.

Soweit Knaps.

III. ETAPPE

VON EPHESUS ÜBER DAMASKUS NACH JERUSALEM

Von Ephesus bis Damaskus begleitet mich ein Theologiestudent aus Passau, Franz X. Lummer, nicht zu Fuß, sondern in »vorsichtiger Distanz« in einem Auto, einem R 12, ausgeliehen in Izmir. Franz Lummer kümmert sich um die Quartiere am Abend – so gut es geht –, er sieht ab und zu auf der Straße nach, ob es den Pilger noch gibt und ist schließlich ein interessierter Begleiter beim Aufsuchen von historischen Stätten.

Wir brechen am Dienstag, den 25. Februar 1975, auf. Die Strecke München–Izmir überbrücken wir per Flugzeug mit der Türk Hava-Yollari-Fluggesellschaft. In Izmir nehmen wir das Leihauto. Andertags fahren wir nach Ephesus zur Anschlußstelle an die Etappe Thessaloniki–Ephesus.

Zur 3. Etappe des Weges nach Jerusalem mache ich mich am letzten Tag des Februar, den 28. 2., in Ephesus auf den Weg. Mir war vor diesem Aufbruch sehr schwer zumute. Es kam mir vor, als ich durch das Osttor aus dieser toten Stadt, den Ruinen von Ephesus, hinausging, als ob ich eine bewohnte, mir Sicherheit und Geborgenheit gebende Kommune hinter mir lassen würde. Vielleicht wird dieses Gefühl hervorgerufen durch die vielen Touristen, die man dort den ganzen Tag über auf Schritt und Tritt um sich hat. Jetzt aber bin ich allein, ein Fremder, der ins Ungewisse hinausschreitet. Passend zu meinem Aufbruch am frühen Morgen tönte aus einem Radio sehr laut die Melodie von B. Kämpfert »Strangers in the Night«, »Fremder in der Nacht«, und genauso war mir zumute!

Der Weg hinaus aus Ephesus führt durch das Mäandertal. Aydin, Nazilli, Denizli sind die Stationen der nächsten drei Tage. Drei Tage hieß es, viele Kilometer zurückzulegen; einfach laufen. Das Gehen tat natürlich auch am Anfang dieser Etappe wieder weh, und man hat ganz schön mit sich selber zu tun, um wieder in einen zügigen Geh-Rhythmus hineinzukommen.

Aber auf so einsamen und verlorenen Wegen und in die anfängliche Beklemmung hinein gab es doch aufmunternde Abwechslung genug am Weg. Da waren einmal die vielen Blumen am Wegrand – zu Hause lag noch viel Schnee –, einige gute Wirtsbuden mit gutem Şiş kebap (eine Art Schaschlik) und schließlich die vielen Teehäuser mit Menschen, die stets Zeit hatten zu einem Gespräch. Aber ganz besonders faszinierte mich die große Schar von Störchen, die es hier, in Ephesus und im ganzen Mäandertal gibt. Schon in Selçuk (Ephesus), wo es viele Weiher und Tümpel mit ungezählten Fröschen gibt, waren die Störche eine Attraktion für mich. Störche mit ihren Nestern auf den Häusern sind es auch, was ich mir vorstelle, wenn ich an Selçuk denke. P. Bamm (An den Küsten des Lichts S. 124) bemerkt lakonisch: »Für Frösche muß die Gegend ein ziemlich heroisches Gelände sein.« Im Mäandertal, der fruchtbarsten Ebene der Türkei, zeigten sich die Störche von einer für mich ganz neuen Seite: Sie spazierten – in langen Reihen – im Gänsemarsch hinter den Bauern her, die pflügend Furche um Furche legten. Ein ungewöhnlich frappierendes Bild. In anderen Gegenden im Mäandertal standen sie wieder am frühen Morgen oder am späten Abend in großen Gruppen zu Hunderten auf Wiesengründen beisammen, schnatternd und die Flügel schlagend. Ein Versuch zu fotografieren, war da stets ein Fiasko. Kaum, daß man so einer attraktiven Gruppe »scharf genug« nahekam, ergriff diese die Flucht – auf einige hundert Meter hinter die »Feindlinie«. Es ist wirklich so, wie H.V. Morton sagt (In den Spuren des heiligen Paulus, S. 188): »Das Schwarz und Weiß dieser Vögel, ihre roten Beine und langen roten Schnäbel lassen sie in der grünen und braunen Landschaft Kleinasiens besonders apart wirken.« Treffend formuliert sind insgesamt seine Beobachtungen (ebd., S. 188): »Auf den Feldern sieht man den Storch sich am wohlsten füh-

len. Er hat keine Furcht vor dem Menschen. Er folgt dem Pflüger (auch dem modernen Traktorpflüger mit 4-Scharpflug) mit gemessenen Schritten nach und inspiziert mit kritischem Wohlwollen jeden frischgeackerten Bodenfleck. Und dann steht er wieder stundenlang in einer Haltung der Meditation, gleich dem Präsidenten einer gelehrten Gesellschaft, der nachdenkt, wo er seinen Zylinderhut liegengelassen hat. Denn ein Seidenhut ist alles, was diese Vögel brauchen, um das vollendete Aussehen altmodischer Würde zu erhalten.« Später, als ich den Hohen Taurus durchquerte, sah ich ganze Gruppen von Störchen in großer Höhe – ihre Flügel silbrig glänzend – gegen Westen fliegen.

Störche waren es letztlich gewesen, die in mir das Abenteurerblut geweckt hatten, so daß ich diese dritte und schwerste Etappe nach Jerusalem schließlich doch gemacht habe, trotz der bösen Erlebnisse der 1. Etappe in Jugoslawien und der 2. Etappe in der Westtürkei! Als ich zu einer Sonntagsaushilfe anfangs September 1974 in Schönbrunn am Lusen im Bayerischen Wald war, ließ sich am späten Abend eine Gruppe von Störchen auf dem Kirchendach nieder, wohl unterwegs nach dem Süden, sei es nach Nordafrika oder Ägypten. In der Nacht und schon am frühen Morgen hielt ich immer wieder Ausschau nach ihnen. Fasziniert sah ich den Störchen zu, wie sie sich zurechtrüsteten zum großen Flug. Dann erhoben sie sich und zogen gen Osten. In diesem Augenblick wußte ich es ganz genau: Im Frühjahr gehst du auch nach Osten zur letzten Etappe, den Störchen entgegen, wenn sie schon wieder unterwegs in unsere Breiten sind.

Am Samstag, dem 1. März, kam ich sehr spät am Abend in Denizli an. Am Sonntag besuchte ich mit meinem Begleiter biblisch bekannte Stätten: Laodizea und Hierapolis.

Ephesus. Via Arkadia mit Blick auf das Theater

Ephesus. Die vornehme Kuretenstraße, die vom Forum zum Osttor der Stadt führte

Ephesus. Zur Zeit des Apostels Paulus stand an der Stelle, wo sich heute dieser Wassertümpel befindet, der Artemis-Tempel

Ephesus. Kuretenstraße mit Hadrianstempel und Nymphäum und vielen Statuen verdienter Bürger

Hadrianstempel an der Kuretenstraße

Wegweiser im Pflaster der Kuretenstraße für Haus Nummer 1: ein Freudenhaus

Laodizea mit Salbakos-Massiv (2300 m)

Marktfrauen in einem Dorf bei Laodizea

Laodizea

Laodizea liegt auf einem fast quadratisch geformten Hügel an die 100 m hoch und mit je etwa 1000 m Seitenlänge am Lykos, einem Nebenfluß des Mäander. Der Ort ist eine Gründung des Antiochus II. (*261, †244 v.Chr.), seine Gemahlin Laodike gab ihm den Namen. Die Stadt war einmal reich und gehörte zu den größten in Phrygien. Selbst in Italien hatte das Wort Laodizea einen guten Klang. Cicero (*106, †43 v.Chr.) empfahl z.B., in Laodizea Geld zu wechseln. Er schreibt (Ad familiares III 5, 4): »Im letzten Juli denke ich in Laodizea einzutreffen, dort werde ich nur ein paar Tage verweilen, bis das Geld ausbezahlt ist, das ich laut einer Anweisung der Staatskasse zu erheben habe.« Berühmt war auch die Ärzteschaft der Stadt. Medizin und Salben aus Laodizea wurden im ganzen Weltreich gehandelt (vgl. Strabo [* um 63 v.Chr., †26 n.Chr.] Geographika XII 8, 20). Der Reichtum stammte, neben der günstigen Lage an zwei wichtigen Handelsstraßen, von einer blühenden Leinen- und Wollindustrie. »Die Umgegend von Laodizea liefert treffliche Schafe, nicht bloß in bezug auf Weichheit der Wolle, worin sie selbst die Milesische übertrifft, sondern auch hinsichtlich der Koracischen Farbe (= rabenschwarz), so daß die Leute reichen Gewinn davon haben, ebenso wie die in der Nähe wohnenden Kolossener von der ihnen gleichnamigen Farbe (kolossisch = besonders eigentümlich purpurfarben)« (Strabo, Geographika XII 8, 16). Die Ermahnung im Sendschreiben der Offenbarung des Johannes nimmt genau auf diese Vorzüge der Stadt Bezug (Apk 3, 17–18): »Du behauptest: Ich bin reich und wohlhabend, und nichts fehlt mir. Du weißt aber nicht, daß gerade du elend und erbärmlich bist, arm, blind und nackt. Darum rate ich dir: Kaufe von mir Gold, das im Feuer geläutert ist, damit du reich wirst; und kaufe von mir weiße Kleider und zieh sie an, damit du nicht nackt dastehst und dich schämen mußt; und kaufe Salbe für deine Augen, damit du sehen kannst.«

Im Kolosserbrief 2, 1 wird Laodizea erwähnt. Es heißt dort: »Ihr sollt wissen, was für einen schweren Kampf ich für euch und für die Gläubigen in Laodizea zu bestehen habe, auch für alle anderen, die mich persönlich nie gesehen haben«; und in 4, 13.15 wird vermerkt, daß dieser Brief auch in Laodizea gelesen werden soll: »Ich bezeuge, daß er (Tychikus, der den Brief überbringt) sich große Mühe gibt um euch und um die Gläubigen in Laodizea und Hierapolis. Grüßt die Brüder in Laodizea, auch Nympha und die Gemeinde in ihrem Haus.«

Von der antiken Stadt Laodizea ist so gut wie nichts mehr vorhanden. Eindrucksvoll ist noch als Ruine das Westtor der Stadt, dem 2300 m hohen Salbakos zugewandt. Bis weit in den Mai hinein ist dieser Gebirgsstock mit großen Schneefeldern bedeckt, wie bei uns der Venediger oder Olperer. Über den ganzen Hügelrücken von Laodizea ist Getreide angebaut. Dort, wo die alte Stadt war, ist die Humusdecke oft nur bis zu 10 cm dick, das Getreide sprießt an diesen Stellen spärlich und dünn. An vielen Stellen, wo man gerade ein bißchen in die Erde hineinstochert, kommen Scherben von Gefäßen ans Tageslicht. Ein griechisches und ein römisches Theater sind in etwa freigelegt – ebenso der Kern von einem Heiligtum der phrygischen Gottheit Men. Auch Reste von christlichen Kirchen sind von Archäologen ausgemacht worden. Besonders durch Erdbeben ging die Herrlichkeit dieser einst blühenden Stadt dahin. Strabo (Geographika XII 8, 16) schreibt: »Und wirklich ist fast die ganze Gegend um den Mäander her von häufigen Erdbeben erschüttert ... und ist irgend ein Ort von Erdbeben heimgesucht, so ist es Laodizea.«

Hierapolis

Nur 19 km von Laodizea entfernt liegt auf einer erhöhten Bergterrasse über dem Lykostal Hierapolis, das heutige Pamukkale. In griechisch-römischer Zeit war Hierapolis ein Kurort für die

Reichen der ganzen Ökumene. Bei Hierapolis entspringen zahlreiche warme (33°) Quellen. In kleinen Bächen gluckert das kalziumkarbonathaltige Wasser den felsigen Kalkabhängen zu und fällt dann von Felsstufe zu Felsstufe, von Terrasse zu Terrasse hinab und bildet durch die Jahrmillionen jene in der Welt einmaligen weißglänzenden Schalen, Becken, märchenhaften Troge und Pfannen, über die das Wasser bläulich-weiß schimmernd von Kaskade zu Kaskade gemählich hinunterplätschert, bis es vom Lykosfluß, jetzt schon sehr abgekühlt, aufgenommen wird. Auf dieses zunächst heiße Wasser, das sich, über die Kalkpfannen fallend, immer mehr abkühlt und schließlich in der Ebene, kalt geworden, zur Bewässerung der Felder eignet, ist im Sendschreiben der Johannes-Apokalypse an die benachbarte Gemeinde in Laodizea angespielt. Apk 3, 15: [15] »Ich kenne deine Werke. Du bist weder kalt noch heiß. Wärest du doch kalt oder heiß! [16] Weil du aber lau bist, weder heiß noch kalt, will ich dich aus meinem Mund ausspeien.« Diese steinernen Wasserfälle mit ihren blendend weißen Kalkwogen sind es, die auch heute die Touristen aus aller Welt anlocken. Für die Kurgäste aus der damaligen Welt stand ein Theater zur Verfügung, eine große Bibliothek und verschiedenste Thermenanlagen. Das warme schwefelige Wasser wurde in einem künstlich angelegten Kanal, der die Mitte der Stadt durchzog, in die Steinbadewannen der Häuser geleitet und daneben gleich unterhalb der »heiligen Quelle« in einen »Swimmingpool«. Ein Wandelweg mit Säulen in Zweierreihen umgab dieses Nobelbad. Ein Beweis für die Vornehmheit und den Reichtum derer, die in Hierapolis sich aufhielten und dort den Lebensabend verbrachten und starben, sind die reich ausstaffierten Mausoleen und Sarkophage in der 1½ km langen Nekropole. Auf einem der Sarkophage ist ein siebenarmiger Leuchter eingemeißelt, ein Beweis dafür, daß auch Juden unter den Bürgern und Kurgästen waren.

Sehr früh gab es auch eine Christengemeinde in Hierapolis. Epaphras aus Kolossä wirkte hier. »Es grüßt euch euer Epaphras, der Knecht Christi Jesu. Immer kämpft er für euch im Gebet, daß ihr vollkommen werdet und ganz durchdrungen seid vom Willen Gottes. Ich bezeuge, daß er sich große Mühe gibt um euch und um die Gläubigen in Laodizea und Hierapolis«, heißt es in Kol 4, 12.13.

Ein berühmter Bürger des alten Hierapolis, der Zeit des Paulus nahe und wichtig für einen Neutestamentler, ist Papias (* 60/70, † 120/130 n. Chr.).

Papias, Bischof von Hierapolis, Zeitgenosse des Polykarp, hat fünf Bücher »Worte über den Herrn« geschrieben. Nach Eusebius (Kirchengeschichte III 31) hat sich auch der Apostel Philippus mit seinen weissagenden Töchtern in Hierapolis aufgehalten. Reste einer Philippuskirche sind in der Nähe des griechischen Theaters zu sehen.

Es liegt eine eigenartige Tragik darin, daß das Christentum, das in diesen Regionen in den ersten vier Jahrhunderten seine erste große Blüte erlebte, völlig verschwunden ist. Die einfallenden Turkstämme im 7. Jahrhundert und die Seldschukeneinfälle im 12. Jahrhundert brachten den Kirchen in Hochanatolien (Ikonium, Lystra und Derbe), aber auch in Phrygien, Lykos- und Mäandertal und den blühenden Gemeinden der Johannes-Apokalypse im kleinasiatischen Küstengebiet den Untergang. Überlegt man, was einmal in diesen Stätten: Troas – Pergamon – Smyrna – Ephesus – Milet – Hierapolis – Sardes – Aphrodisias an geistiger, christlicher Lebendigkeit vorhanden war, welche begabten, geistreichen Lehrer, welche Künstler, welche engagierten Menschen hier lebten, wird man von tiefer Wehmut ergriffen. Ich empfinde, wie P. Bruin (Welteroberer Paulus, S. 134) schreibt: »Man hat das Gefühl, über einen weiten, trostlosen Friedhof dahinzuwandern, auf dem eine große Hoffnung begraben liegt«, und prophetisch-apokalyptische Gedanken befallen mich wie ein Alptraum, daß es mit dem einstmals so glanzvollem christlichen Abendland auch einmal so gehen könnte.

Kolossä

Am Montag, den 3. März, brach ich sehr früh auf, hinüber zum 17 km entfernten Kolossä. Es regnete teilweise sehr heftig. Dort aber, wo nach meinem Kartenmaterial Kolossä sein sollte, war nichts zu finden, was nach Ruinen einer antiken Stadt ausgesehen hätte. Den Namen Kolossä kannte auf meine Fragen niemand. Die antike Stadt liegt nach alten Überlieferungen und Funden von Säulen und Relief-Fragmenten ca. 5 km nordwestlich von dem heutigen Ort Honaz am Honaz-Dagh. Über die genaue Lage der alten Stadt kann man sich kein genaues Bild machen, da kaum Ausgrabungen vorgenommen worden sind. Die Vergänglichkeit von berühmten Städten wird hier schreckhaft klar – und Kolossä war einmal eine große Stadt. Schon Herodot (*um 490, †um 420 v. Chr.) nennt diese Stadt »groß«. Dagegen kannte es Strabo nur mehr als Städtchen. Strabo (Geographika XII 8, 13) schreibt: »... um Laodizea und Apamea, welches die größten Städte in Phrygien sind ... liegen noch andere kleine Städte ... Aphrodisias, Kolossä ....« Wahrscheinlich hat Kolossä seinen Niedergang dem Aufblühen der 21 km entfernten Stadt Laodizea zu verdanken, oder es war eines der hier häufigen Erdbeben daran schuld.

Aus dem Kolosserbrief kennen wir den Kolosser Archippus, einen leitenden Presbyter der frühen Christengemeinde (4, 17), den Evangelisten Epaphras (Kol 4, 12), aus dem Philomenbrief den vornehmen Philemon und seinen Sklaven mit Namen Onesimus, der ihm entlaufen ist und auf Veranlassung des Paulus wieder zu ihm zurückkehren soll, und die Christin Apphia, die ebenfalls in diesem Brief erwähnt wird (V 2).

Von Kolossä nach Antiochia in Pisidien

Es ist gegen Mittag und ich setze meinen Weg fort in Richtung Isparta – Antiochia in Pisidien.

Hinter Kolossä steigt die Straße stetig an, und die Landschaft wird zunehmend karger und steiniger. Die schneebedeckten Berge treten näher heran und man erreicht eine kahle, fast baumlose Hochebene. Das Eigenartige auf dieser Hochebene ist, daß man immer wieder an Salzseen vorbeikommt, ohne jegliches Leben, flache weiße Platten in einem eigenartigen Kontrast zu den Schneefeldern auf den Bergen. Zudem stiegen an diesem Tag drohend dunkle Wolken zu einem schwermütigen Stimmungsbild empor und regneten sich finster ab.

Schon der Passauer Domdekan Tageno beschreibt die Gegend hinter Hierapolis und Kolossä folgendermaßen: »Inde intravimus desertissima loca Turciae, descendentes iuxta lacum salinarum in terra horrorum et salsuginis – von dort sind wir in die verlassenste Gegend der Türkei gekommen, wo wir an einem Salzsee entlang gingen in einem Land der Schauder und Salzwasser« (um den 20. April 1189).

Stunde folgt auf Stunde, und es gab nichts zu sehen als stets den gleichen Fernblick, der ungehindert zu den hohen Schneebergen reichte. Hie und da armselige Behausungen, gewöhnlich nur verlassene Ebenen, kahl und wild – in endloses Braun getauchte Eintönigkeit.

Auf diesen endlosen Straßen durch die unbegrenzten braunen Ackersteppen, ab und zu mit Baumgruppen zwar aufgelockert, aber um diese Jahreszeit, da noch jedes Grün fehlt, die Melancholie der Landschaft unterstreichend, wird es leicht, sich in sich zu kehren und zu meditieren.

Eines unserer größten Hindernisse für das der Existenz des Menschen angemessene »Gespräch« mit dem ihn Bewegenden, Gott, ist unsere Unfähigkeit zur Stille. Wenn man aber derart in die Stille geworfen ist, wie auf diesem langen Weg durch die Steppe, wäre es schade, wenn es das Rosenkranzgebet nicht gäbe, man müßte es geradezu erfinden. Es ist, zunächst einmal psychologisch gesehen, eine rein natürliche Lebenshilfe. In dieser unermeßlichen landschaftlichen Verlorenheit – existentiell gibt es aber ebensolche Verlorenheit! – ist es schon einmal eine Hilfe, ein Seil in der Hand zu haben und sich daran langsam nach vorne zu hanteln. Zudem setzt das Rosenkranzgebet rein äußerlich zeitliche Phasen. Man weiß genau, daß nach einem durchgebeteten Psalter eine Stunde sich verträufelt hat. Im äußeren Vollzug dieses Betens, das auch ein Zeitvertreiben ist, setzt parallel ein innerer Zug des Betens ein. Das meditative Element des Wiederholens der »Ave Maria« und »Vater unser« einerseits und das Wechseln von den offiziellen Geheimnissen des freudenreichen zum schmerzhaften und zum glorreichen Rosenkranz andererseits animiert den Kopf zum Formulieren neuer Intentionen aus der unmittelbaren Glaubenseinstellung: Jesus, der die Not der Welt und die Verlorenheit am eigenen Leib auch gespürt hat. Zu alledem muß nicht dauernd der Kopf anwesend sein. Es kann in solcher Situation buchstäblich auch mit den Füßen gebetet werden. Sie geben den Rhythmus an, und das Gebet kommt ganz von selbst. Das Beten besteht einfach darin, weiterzugehen, nicht aufzugeben. Es gibt ein Beten, das vorwiegend den Körper beansprucht und selbst nicht mehr viele Worte macht. Es ist wie mit der Liebe: Am Anfang macht sie noch viele Worte, braucht sie viele Gespräche, Diskussionen. Dann – beim weiteren Fortschreiten – wird sie stiller und versteht sich mit wenigen Worten. Bei großen Ausgesetztheiten und Belastungen genügt oft eine Geste, ein Blick – alles ohne Worte, und man versteht sich.

Im Gehen auf endlos langen Wegen, ermattet von der unbarmherzig herabbrennenden Sonne und innerlich ausgeglüht, kommt die Zeit »der Trockenheit«, wie früher geistliche Lehrer glaubten, das ausdrücken zu müssen. Mir aber kommt es vor, daß das Gebet – nur vorausgesetzt, daß man rein äußerlich das Gehen nicht aufsteckt – jetzt innerlich in das Stadium der Meditation geraten ist, in dem ein Wort schon zu viel ist. In dieser Zeit liebt man vielleicht gerade noch das Litaneigebet, die endlose Wiederholung kurzer, gehaltvoller Wendungen.

Tatsächlich: Es gibt eine Art des Betens, wo Beten nur mehr das Gerüst abgibt zum Verweilen vor Gott. Dann wird auf den Inhalt der Worte nicht mehr geschaut. Die Worte selbst werden immer weniger, immer einfacher (auch undogmatischer!). Man gelangt an das Schweigen. Es ist ohne Grenzen, während jedes Wort noch Grenzen kennt.

Nicht etwa unterwegs, sondern zu Hause dachte ich über das innerlich Erfahrene nach. In Notizen, die ich mir als Student bei einer Oster-Werkwoche auf der Burg Rothenfels a. M. machte, bei der R. Guardini über das »betrachtende Gebet« sprach, las ich jetzt voller Verständnis: »Alles Beten beginnt damit, daß der Mensch still wird, seine verstreuten Gedanken zusammenholt, seiner Schuld in Reue inne wird und sein Gemüt auf Gott richtet. Tut er das, dann öffnet sich ihm der heile Raum; nicht nur als Bereich seelischer Stille und geistiger Sammlung, sondern als etwas, was von Gott kommt.

Wir bedürfen dieses Raumes stets, besonders aber dann, wenn die Erschütterung der Zeiten besonders groß sind. Leider läßt sich der Mensch durch die Betriebsamkeit des äußeren Lebens zu leicht von dieser Ruhe abdrängen. Gerade aber zu diesen Zeiten wäre vom Menschen eine besondere Tapferkeit verlangt: nicht nur die Bereitschaft, mehr zu entbehren und Größeres zu leisten als sonst, sondern in einer Ortlosigkeit auszuharren, um sich in seinem Wesen tief drinnen wieder zu finden.«

Das Beten ohne Worte, das innere Gebet des Herzens, z. B. das sogenannte Jesus-Gebet, das ständig sich wiederholende Herzensgebet: »Herr Jesus Christus, erbarme dich meiner« – unter dem Abt Hesychios in der Ostkirche schon im 7. und 8. Jahrhundert geübt – hilft hier enorm in die Innerlichkeit zu kommen bzw. dem aufkommenden Stumpfsinn in der Ausgesetztheit solcher einsamer Wege zu wehren.

Menschen, die auf eine gewisse Technik auch in solch inneren Dingen wertlegen, mögen darauf achten, daß sie die erste Hälfte des »Herr Jesus Christus« beim Einatmen sprechen und die zweite »erbarme dich unser« beim Ausatmen.

Das Jesus-Gebet hat im 19. Jahrhundert in Rußland (besonders unter dem Starez Amvrosij, * 1812, † 1891) große Verbreitung gefunden. Starzen und Pilger durchzogen, einsam und schweigend, die unendlichen Weiten russischer Steppen und Wälder, hatten nichts bei sich als einen Beutel mit Hartbrot, eine Handvoll Salz und in einem zweiten Beutel die Bibel und vielleicht noch ein »Tugendbuch«, die sogenannte »Philokalie«, in dem dreißig »Väter des Gebetes« ihre Erfahrungen und Anweisungen zum Herzensgebet niedergeschrieben haben. Diese Starzen und Pilger hatten nicht unbedingt als Ziel einen großen Wallfahrtsort, z.B. Jerusalem. Sie blieben oft wochen- oder monatelang an einem Ort und brachen dann wieder auf, um ihre Botschaft und ihre Gebetserfahrung an einzelne weiterzugeben und sie ebenfalls in die herzensumwandelnde Kraft des Jesus-Gebetes einzuführen.

Die aus dem Fernen Osten stammende »Transzendentale Meditation«, für die in den deutschen Großstädten auf weitflächigen Plakaten geworben wird und zu der sich Tausende von jungen Leuten hingezogen fühlen, lehrt eben dieses Üben: Über die ständige Wiederholung einer Wortfolge in die Wortlosigkeit – zu sich selbst zu kommen.

Alle, die den Weg nach innen zu religiöser Erfahrung und Begegnung mit Gott in nichtchristlichen Religionen und deren Gebets- und Meditationspraktiken suchen und dabei nichts wissen von einem christlichen Weg zu eben dieser inneren Gottfindung, seien auf zwei Bücher von P. Emmanuel Jungclausen, Mönch der Abtei Niederaltaich, verwiesen: »Aufrichtige Erzählung eines russischen Pilgers«, Freiburg i.Br. 1974; und »Hinführung zum Herzensgebet«, Freiburg i.Br. 1982.

Mit diesen Erfahrungen aus abendländischer christlicher Spiritualität im Gedächtnis, machte ich später in einer unendlich weiten Steppenlandschaft zwischen Konya (Ikonium) und dem Hohen Taurus die Begegnung mit einem islamischen Pilger. Dieser alte Mann auf dem Weg zu einem der größten Heiligtümer des Islam, nach Ikonium, wo in der Mevlâna-Moschee der Bart des Propheten verehrt wird, hatte eine Perlenschnur mit 99 Perlen, die er fortgesetzt eine nach der anderen durch die

Finger gleiten ließ. Wir trafen uns und sagten zwei, drei Worte der Begrüßung, dann setzten wir uns an den Straßenrand. Er gab mir eine Handvoll verbröselnden Ziegenkäses und ein Stück Brotfladen, so einfach aus der Rocktasche, in keinerlei Papier eingewickelt. Ich reichte ihm zwei deutsche Zigaretten, die er anstandslos – und wie ich glaube, mit Freude – annahm. (Ich als Nichtraucher hatte stets deutsche Zigaretten dabei, um mich für die zahlreichen Gesten der Gastfreundschaft ein wenig erkenntlich zeigen zu können!) Schön langsam begann er mir dann zu erklären, was es mit dieser Perlenschnur mit den 99 Perlen für eine Bewandtnis hat. Der islamische Rosenkranz besteht aus 99 Perlen, entsprechend den 99 Anrufungen oder Namen Gottes, so sagte er, wobei man zu jeder Perle eine Anrufung spricht, aber immer dieselbe an einem Tage, eine einzige, die man aus den 99 ausgewählt hat. Auf meine Frage, welche Anrufung er heute mache, sagte er lange nichts ... und dann, fast wie wenn er ein Geheimnis preisgäbe, sagte er ganz scheu: »Der, der alles sieht.«

Übrigens, die hundertste Anrufung wird geheimgehalten; Gott offenbart sie persönlich, wie er will und wem er will ... und nie wird man einen Moslem, auch nicht den besten Freund, dazu bewegen können, die ihm anvertraute Anrufung preiszugeben.

Nach all diesen Reflexionen über das innere Gebet soll abschließend ein Wort von Bardo Weiß stehen, der ein Semester Dogmatik an der Theologischen Fakultät in Passau gelehrt hat: »Schwimmen lernt man nicht durch Vorträge außerhalb des Wassers. Meditieren lernt man nicht durch Vorträge außerhalb der Meditation. Man muß wie beim Schwimmen ins Wasser und anfangen« (B. Weiß, Weg ins Leben, S. 9).

Teehausimpressionen in Isparta

Die Tage von Kolossä herauf in die anatolische Hochebene waren trübe; tief hingen schwere Wolken über den braunen

Ackerwüsten. Es fröstelte einen beim Anblick dieser einsamen und trostlosen Landschaft. In Isparta, der ersten größeren Stadt nach vier Tagen Marsch durch die Einsamkeit, gab es erstmals wieder ein einigermaßen gutes Quartier. Ein Mann hatte meinem Begleiter den Tip für dieses »Hotel« gegeben. Nachdem wir unsere Sachen abgelegt hatten, lud uns jener freundliche, hilfsbereite Mann zu einem Çai (Tee) ein. Er freute sich, daß er mit Fremden durch den Ort gehen konnte. Das Interesse und die Neugierde, die man uns als Ausländern entgegenbrachte, galten ja auch ihm. Über einige lehmig aufgeweichte Straßen gelangten wir schließlich zu unserem Teehaus. Durch die trüben Scheiben konnten wir bereits erkennen, daß viele Männer hier ihren Çai tranken. Über eine abgetretene Schwelle kamen wir in das Innere eines großen Raumes. An diesem düsteren Nachmittag war er nur spärlich erleuchtet durch eine einsame Glühbirne. Die dünnen Gespräche der Männer rissen ab, als der Mann mit uns eintrat. Alle Blicke richteten sich weg von ihrem Teeglas oder von ihrer Spielkette, mit der sie getändelt hatten, hin auf uns, die willkommene und interessante Abwechslung: ganz und gar Fremde. Die Dankbarkeit für dieses Ereignis konnte man an ihren Augen sehen. Sie wirkten müde und verloren. Und daß sie sich nicht sträubten gegen die Eindringlinge, war uns auch sofort klar. In dem kurzen Moment des Eintritts schlug uns die dumpfe Stimmung dieses Teehauses und das Gelangweiltsein der Männer entgegen. Auf wackeligen und knarrenden Stühlen nehmen wir Platz. Mit den Augen sind uns die Männer gefolgt. Wir merken: Wir sind tief im Orient oder besser am Aral oder Baikalsee oder Turkmenistan, wo die Turkvölker eigentlich herkommen. Es kommt einem vor, als säße man bei einem Lager des Dschingis-Khan. In diesen Männern scheint eine ganz andere Zeit zu leben. Sie tragen alle dicke Jacken aus schwerem, dunklen Stoff; kaum einer ist ohne Kopfbedeckung. Die Füße stecken in bäurisch derben Schuhen. Ein unverwechselbares Merkmal ist ihr üppiger schwarzer Schnurrbart, und einige haben besonders markante Gesichter mit ausladenden Backenknochen und scharfgeschnittener Nase. Ihre dunklen Augen haben sich in ihre Höhlen zurückgezogen. Die Haut ihres Gesichtes und ihrer Hände ist wie gegerbt, braun und hart. Unrasiert sind sie durchweg. Sie reden kaum ein Wort, schweigen, schauen. Der Çai ist da – die einzige Rettung in dieser tristen Kälte draußen. Den jungen Mann habe ich beobachtet, wie er unseren Tee zubereitete: Aus einem Kännchen gießt er einen dunklen, dickflüssigen Sirup ins Glas, soviel, daß der Boden verdeckt ist. Darauf läßt er aus einem Kanister dampfend heißes Wasser strömen. Er ist schon stark dieser Çai, aber sehr aromatisch, erwärmt von innen her und schenkt neues Wohlbehagen.

Mit Wörterbuch und Zeichensprache haben wir nun den interessierten Männern zu erklären, woher wir kommen und wieso wir ihren unbekannten Ort besuchen. Nachdem sie merken, wie schwierig die Unterhaltung mit uns ist, wenden sie sich wieder ihren Nachbarn zu. Ihre Unterhaltung geht gedämpft weiter ... und wir ziehen uns in unser sehr einfaches Quartier zurück.

Anderntags (7.3.) gehe ich bis Eğredir, und nach einer Übernachtung dort kommt der lange Weg (66 km) nach Antiochia in Pisidien.

Antiochia in Pisidien (heute Yavalç)

Alle meine Gedanken, schon vor der Ankunft, sind bei Paulus. Denn diese Stadt und sein Geschick in ihr sind zu einem Wendepunkt seines Weges geworden. Und wahrscheinlich hat er in dieser Stadt schwer zu leiden gehabt.

Antiochia in Pisidien wurde um 300 v. Christus von griechischen Siedlern gegründet, ab 25 v. Christus war es römische Kolonie. Eine von Julius Cäsar (* 100, † 44 v. Chr.) in Gallien aufgestellte Legion mit der Standarte der »alauda« (= Lerche) wurde hier zum Schutz der Ostgrenze des römischen Reiches angesiedelt. Bewohner von Antiochia in Pisidien waren also, neben den phrygischen Ureinwohnern, Griechen und auch Römer.

Auch ein starkes Kontingent an Juden lebte hier; sie besaßen eine Synagoge. Paulus predigte auf seiner 1. Missionsreise (Apg 13, 13–41) am Sabbat in dieser Synagoge. Man bat Paulus und Barnabas auch am folgenden Sabbat zu predigen (Apg 13, 42). »Am folgenden Sabbat versammelte sich fast die ganze Stadt, um das Wort des Herrn zu hören (Apg 13, 44).« Da wurden die Juden voller Eifersucht, widersprachen dem, was Paulus sagte, und richteten sich gegen ihn. Er selbst aber und Barnabas predigten ab jetzt den Frommen aus dem Heidentum, die sie hören wollten. In Paulus wächst jetzt immer mehr die Überzeugung, daß das Evangelium, das die Juden ablehnen, den Heiden gesagt werden muß. Die Juden aber hetzten die vornehmen, gottesfürchtigen Frauen auf (nicht selten waren Jüdinnen mit griechischen und römischen Beamten verheiratet oder hatten ihre Freundinnen unter den Frauen dieser Beamten und Stadtväter) und über sie die Vorsteher der Stadt.

Der 2. Timotheus-Brief enthält die Bemerkung, daß Paulus hier große Trübsal und Verfolgung erdulden mußte. In diesem Brief an Timotheus heißt es 3, 11: »¹⁰ Du aber bist mir gefolgt in der Lehre, ¹¹ in den Verfolgungen und Leiden, denen ich in Antiochia, Ikonium und Lystra ausgesetzt war.« Es könnte leicht sein, daß Paulus hier eine von jenen Prügelstrafen über sich ergehen lassen mußte, von denen er in 2 Kor 11, 24.25 schreibt: »Fünfmal erhielt ich von den Juden die neununddreißig Hiebe; dreimal wurde ich ausgepeitscht ...«

Im Mischna-Traktat »Makkot« (Prügelstrafe, S. 373) wird eine genaue Anweisung gegeben, wie so eine »Prügelstrafe« zu erfolgen habe. Laut Anweisung legt man den Delinquenten über eine brusthohe Säule. Die Hände werden an die Längsseite der Säule gebunden, die eine Hand links und die andere rechts. Der Gerichtsdiener entblößt dem Delinquenten den Oberkörper bis zum Nabel. Vor dem Angebundenen steht ein erhöhtes Postament. Auf diesem steht der Gerichtsdiener, in der Hand einen in Streifen geschnittenen Riemen aus Kalbsleder, damit schlägt er dem Delinquenten 13 Schläge auf die Vorderseite, dann 26 Schläge auf die Rückseite – je 13 Streiche auf diese und jene Schulter. Zur Ausführung dieser Prozedur gehört laut Verordnung der Mischna noch ein weiterer Gerichtsdiener, der die Hiebe genau mitzählt: je 13 und 13 und 13. Dazu noch ein weiterer Mann, der während der Prozedur fortwährend aus der Schrift liest, nämlich Dtn 28, 58.59: »Wenn du nicht auf alle Worte dieser Weisung, die in dieser Urkunde aufgezeichnet sind, achtest und sie hältst, aus Furcht vor diesem herrlichen und furchterregenden Namen, vor Jahwe, deinem Gott, wird der Herr die Schläge, die er dir und deinen Nachkommen versetzt, über alles Gewohnte hinaus steigern zu gewaltigen und hartnäckigen Schlägen, zu schlimmen und hartnäckigen Krankheiten«; Dtn 25, 3: »Vierzig Schläge darf er ihm geben lassen, mehr nicht. Sonst könnte dein Bruder, wenn man ihm darüber hinaus noch viele Schläge gibt, in deinen Augen entehrt werden.«; Dtn 29, 8: »Darum achtet auf die Bestimmungen dieses Bundes, und haltet sie, damit euch alles, was ihr tut, gelingt« ... und schließt mit Ps 78, 38: »Er aber vergab ihnen voll Erbarmen die Schuld und tilgte sein Volk nicht aus. Oftmals ließ er ab von seinem Zorn und unterdrückte seinen Groll«; und dann kehrt er wieder zum Beginn Dtn 28, 58.59 zurück und so fort. Fast makaber sind die weiteren Bemerkungen in der Mischna (Traktat Makkot, S. 375): »Und stirbt er unter der Hand des Auspeitschenden, ist er frei. Fügt er ihm aber noch einen Riemenstreich hinzu und er stirbt, geht der Auspeitschende seinetwegen in die Verbannung. Ist der Delinquent zu Schaden gekommen, sei es durch Kotlassen, sei es durch Wasserlassen, ist mit der Prozedur aufzuhören. Rabbi Jehuda sagt: Die schwächere Frau wird schon bei Urinlassen vor weiteren Hieben bewahrt.«

Die römische Auspeitschung war noch viel schlimmer, weil die Zahl der Schläge nicht begrenzt war und sich ein Auspeitscher geradezu in sein Opfer verbeißen konnte, aber auch deshalb, weil die Peitsche oft mit Knochenstücken und Bleikugeln versehen war. Der jüdische Geschichtsschreiber Flavius Josephus (* 37/38, †um 100 n.Chr.), einstmals Kommandeur in Galiläa, hat selbst öfter jüdische Landsleute geißeln lassen, daß ihnen die Eingeweide bloß lagen (Jüdischer Krieg II 21, 5; § 612). Der jüdische Philosoph Philo (* um 25 v.Chr., †um 40 n.Chr.) schreibt über eine Judenverfolgung durch den römischen Statthalter Flaccus in Alexandria (Philo, Gegen Flaccus 10; § 75): »Flaccus ließ alle (achtunddreißig Festgenommenen) am Marktplatz entkleiden und schmählich mit den Geißeln züchtigen, mit denen man gewöhnlich die schlimmsten Verbrecher erniedrigt. So starben die einen noch unter den Schlägen und wurden gleich hinausgeschafft, die anderen lagen sehr lange krank und verzweifelten an ihrem Aufkommen.«

Was ist von der alten Stadt geblieben?

Von Antiochia in Pisidien wußte man über Jahrhunderte nicht einmal mehr, wo es gelegen war. Ein anglikanischer Geistlicher, F.V.J. Arundell, der in der englischen Botschaft in Izmir als Kaplan tätig war, entdeckte 1833 im Sultan-Dagh-Gebiet die Überreste eines Aquäduktes, der zu einem Tell (Hügel) führte, unter dem man Überreste einer antiken Stadt vermuten durfte. Bei ersten Grabungen fand man auf etlichen Steinen Reliefs der Alauda. Das Antiochia der Apostelgeschichte war damit wieder entdeckt worden. Denn man wußte, daß eine Kohorte Cäsars mit der Standarte der Alauda von Gallien nach Antiochia in Pisidien verlegt wurde und Mitglieder dieser Kohorte dort den Ruhestand verbrachten. Größere Ausgrabungen machten fast hundert Jahre später Archäologen der Universität Michigan. Sie legten zwei größere Plätze frei (einen unteren Platz – nach Tiberius benannt, und einen oberen – nach Augustus benannt), die mit einer Treppenanlage von 12 Stufen miteinander verbunden waren. Außerdem fanden sie Reste eines Tempels zu Ehren des phrygischen Fruchtbarkeitsgottes *Men* nebst Friesfragmenten und Säulenbasen auch viele Steine mit

Stierköpfen, deren Hörner bekränzt waren. J. Holzner (Paulus, S. 102) vermerkt: »Heute ist es einsam geworden um das Ruinenfeld des alten Antiochia, wo Paulus sein erstes Blutzeugnis für Christus abgelegt hat und wo später die begeisterten Kreuzfahrer ... nach ermüdenden Märschen durch Phrygien in den Mauern dieser Stadt willkommene Rast hielten.« Kaum, daß Besucher in diese Gegend kommen. Die Ausgrabungen sind auch eingestellt, obwohl unter dem Gelände, wo die alte Stadt lag, sicher noch viel zu entdecken wäre.

Ikonium (heute Konya)

Wir haben ein sehr einfaches Quartier. Am Montag, den 10. März, nachdem ich noch einmal das Ausgrabungsfeld von Antiochia besucht habe, mache ich mich auf den Weg nach Ikonium »auf den Spuren des Paulus«, denn aus Antiochia vertrieben begaben sich Paulus und Barnabas nach Ikonium, der heutigen Stadt Konya. Auch hier predigten sie und hatten zunächst Erfolg. (Apg 14, 1: »In Ikonion gingen sie ebenfalls in die Synagoge der Juden und redeten in dieser Weise, und eine große Zahl von Juden und Griechen wurde gläubig.«)

Die Straße von Antiochia in Pisidien (Yavalç) nach Ikonium verläuft zunächst ›2 Tage lang‹ (= an die 100 km) südwärts schnurgerade. Erst dann macht diese Straße eine Kurve nach links und führt, der römischen Straße »Via Sebaste« folgend, über den Paß des Sultan Dagh in östlicher Richtung. In vielen Serpentinen geht es von der Paßhöhe hinab und hinaus in die Hochebene, deren Zentrum die Stadt Ikonium (Konya) ist. Ich denke an den Passauer Bischof Dietpold und seinen Domdekan, die mit Kaiser Barbarossa durch diese Gegend kamen; sie zogen um das Sultan-Dagh-Gebirge nördlich herum, wo sie in Philomelion auf die alte Straße Konstantinopel – Nikäa – Dorylaon – Ikonium – Laranda (Karaman) kamen.

Wie mühsam dieser Weg war, berichtet Domdekan Tageno: »Auf uns sind am folgenden Morgen tausend unerhörte Übel

Hierapolis. Die blendend weißen Kalkfelsen ziehen auch heute noch Touristen aus aller Welt an

Hierapolis. In griechisch-römischer Zeit ein Kurort für die Reichen der ganzen Ökumene

*Melancholische Landschaft zwischen Kolossä und Antiochia in Pisidien.
Zur Meditation höchst anregend*

*Schafhirte in seiner
typischen Kleidung*

Letzte Reste von Antiochia in Pisidien (in der Nähe des heutigen Yavlaç)

Weidende Schafherde auf den Trümmern von Antiochia

Pflügender Bauer in Hochanatolien (an biblische Verhältnisse erinnernd)

In der Eintönigkeit der Steppe ein neugieriges Wiesel

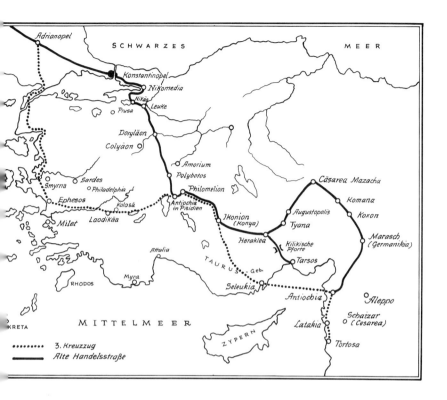

gekommen. Denn Soldanus, der König jener Gegend, hat nicht wenige Streitkräfte gegen uns geschickt, türkische Reiter und Fußsoldaten stellten uns täglich ohne Unterbrechung nach. Nach Art der Hunde herumbellend, mit Wurfspießen und Angriffen haben sie uns gequält und mürbe gemacht. Der ärgste Hunger hat im Heer angefangen ... auf den Kuppen (der Berge) fanden wir weder Gras, noch Kräuter und Laub.« Ein »Tagebucheintrag« vom 7. Mai 1190 lautet: »Die Türken, glaubend, daß die Unseren alle durch Hunger ausgezehrt worden seien, haben kräftig um die Abendstunde unser Lager mit Schleudergeschossen und Wurfspeeren und Lanzen angegriffen, aber das Heer des lebenbringenden Kreuzes ist dem Anprall der Türken tapfer begegnet, so daß vor zwei der Unseren zehntausend der

Feinde geflohen waren, unter der Führung des Herzogs von Schwaben und des Herzogs von Meranien aus Bayern, von der Burg Andechs. Fast sechstausend Türken sind vernichtet worden, und wenn nicht die Nacht und die Berge die Türken gerettet hätten, alle Türken wären von unseren Schwertern vernichtet worden.« Schließlich zog das Kreuzfahrerheer auf Ikonium zu. Im folgenden berichtet nun Tageno von der »Einnahme« Ikoniums durch das Kreuzfahrerheer: »Am 11. Mai (1190), es war Pfingsten, ist uns von Gott Ruhe gegeben worden. Am folgenden Tage haben die Söhne des Soldanus mit zusammengesammelten dreihundert Soldaten der Reiterei eine Schlachtreihe aufgestellt, damit sie mit uns kämpften. Unser Kaiser ordnete die erste Schlachtreihe und ist den Türken tapfer begegnet, so daß sie flohen. Am folgenden Morgen, am 13. Mai, halb tot vorwärts uns mühend, haben wir Wasser an einem sehr glänzenden Ort gefunden, und da sind die Pferde ein bißchen wiederbelebt worden. Dort hat Melach, der Großstatthalter des Soldanus durch einen gesandten Legaten gesagt: Wenn unser Kaiser und das Heer 300 centenarios Gold und das Land der Armenier geben, wollen die Türken dem Durchzug zustimmen und nach drei Tagen einen Markt anbieten. Unser Kaiser hat, wie gewöhnlich, gelassen geantwortet: Es geziemt sich nicht für unser Kaisertum und das christliche Heer des lebenspendenden Kreuzes, den Weg mit Gold und Silber zu erkaufen; deshalb, durch die Hilfe unseres Herrn Jesus Christus, dessen Soldaten wir sind, ist der Weg durch das Schwert zu eröffnen.« Tageno berichtet weiter. »In jener Nacht haben uns Donnerschläge und ungewöhnliche Regenfälle gequält. Nachdem der Morgen gekommen war (16. Mai) ordnete der Kaiser zwei Schlachtreihen; die erste vertraute er seinem Sohn, dem Herzog von Schwaben, an, die zweite führte er selbst: in der Mitte hat er befohlen, daß die Priester, die unbewaffneten Soldaten und das Volk mit Gepäck und Lasten voranschreite, und er hat bestimmt, daß keiner von der Beute irgend etwas anfasse, bis daß die Feinde geschlagen und die Bewohner von Ikonium gefangen und unterworfen worden seien ... Die Bischöfe und die meisten Priester hatten ihre Stola um den Nacken gelegt, gleichsam schon dem Tod geweiht, in gleicher Begierde das Blut für Christus zu vergießen verlangend, und auch die Soldaten waren bereit, für Christus zu sterben. In der Mitte war der unbesiegbarste Kaiser, der mit strömenden Tränen gesagt hat: ›Ich wünschte, das Heer wäre unversehrt in Antiochia, lieber käme ich selbst in äußerste Gefahr.‹ Und als er das gesagt hatte, während alle weinten, fügte er hinzu: ›Aber was zögern wir? Was sind wir traurig? Christus Sieger, Christus Herrscher, Christus Kaiser!‹

Nach dem Sieg hat der Kaiser mit dem Heer die Stadt betreten. Dort ist unser Hunger durch die Beute ausgelöscht worden. Es sind Gruben mit Weizen und Gerste gefunden worden; Gold und Silber mehr als 100 000 Mark sind im Haus des Großen Melach gefunden worden, ein ungeheurer Schatz, der von Soldanus jenem mit der Tochter als Mitgift gegeben worden war.

Am folgenden Tag, 17. Mai (1190), haben wir Gott gedankt, die Messe ›Caritas Dei diffusa est‹ und die Lesung, in der Ikonium Erwähnung findet, sind gelesen worden.«

Wieder zurück in die Zeit des Paulus: Ikonium wird im 4. Jahrhundert v. Chr. schon von Xenophon (* um 430, † 354 v. Chr.) erwähnt; Strabo (Geographika XII 6, 1) schreibt darüber: »... die Bergebenen der Lykaonier sind kalt und kahl und nähren wilde Esel, leiden aber großen Mangel an Wasser, und selbst da, wo es noch zu finden möglich ist, sind Brunnen außerordentlich tief, wie zu Saotra, wo das Wasser sogar verkauft wird. Obgleich aber das Land wasserlos ist, so nährt es doch Schafe auf wundervolle Weise, nur mit harter Wolle, und manche haben eben aus diesen den größten Reichtum erworben ... Hier irgendwo liegt Ikonium, ein gut bevölkertes Städtchen mit besserem Boden als die erwähnte, Wildesel nährende Gegend.« Von Plinius d. Ä. (* 23/24 n. Chr., † 79 n. Chr.) wird Ikonium als urbs celeberrima – sehr berühmte Stadt bezeichnet (Hist. Nat. 5, 12,95). Im Jahre 25 n. Chr. wird die Stadt Galatien zugewiesen. Im Jahre 1097 wird Ikonium Hauptstadt der Seldschuken und somit Mittelpunkt eines Reiches, das vom Zweistromland über Nordafrika bis an die Sierra Leone in Spanien reicht. Zur Zeit des Paulus bestand die Bevölkerung aus hellenisierten Galatern, Griechen, römischen Beamten, römischen Veteranen und Juden. In Ikonium war auch Thekla zu Hause. Die »Acta Pauli et Theclae« berichten von ihr und ihrer Verehrung für Paulus in legendarischer Weise (Näheres s. in: Lexikon für Theologie und Kirche X 1865). A. v. Harnack (*1851, †1930) glaubt, daß ihre Gestalt nicht frei erfunden ist und daß es wirklich eine Thekla gab, die auf die Predigt des Paulus hin zum Glauben kam. Die »Acta Pauli et Theclae« sind auch noch insofern von Interesse, als hier das Aussehen des Paulus genau beschrieben wird, und zwar in der Einleitung der Legende, wo geschildert wird, auf welche Weise Paulus nach Ikonium kam: Er flieht aus Antiochia in Pisidien. Ein gewisser Onesiphorus will Paulus nach Ikonium bringen. Er stellt sich an die »Königliche Straße«, dort wo sie nach Lystra abzweigte, und prüfte die Gesichter der Reisenden, die vorbeikamen. Onesiphorus hatte Paulus nie gesehen, doch er hatte eine Beschreibung des Paulus wie folgt: »Ein Mann von kleiner Gestalt, mit schütterem Haar auf seinem Haupt, mit krummen Beinen, in guter körperlicher Verfassung, mit Augenbrauen, die über einer ein wenig gebogenen Nase zusammenliefen, und voller Anmut: bisweilen glich er einem Menschen, bisweilen war sein Antlitz das eines Engels.« Alle bildlichen Darstellungen des frühen Mittelalters im Abendland und Morgenland gehen auf diese physiognomischen Angaben der »Acta Pauli et Theclae« zurück.

Paulus und Barnabas bleiben eine geraume Zeit (Apg 14, 3). Nach anfänglichen Erfolgen »reizten« die unbekehrbaren Juden die Gemüter der Heiden gegen sie auf (Apg 14, 2), sie flohen nach Lystra (Apg 14, 6).

Wir blieben den ganzen Freitag (14.3.) in Ikonium; wir fanden ein sauberes Quartier mit Dusche; endlich konnten wir uns wieder ein bißchen pflegen.

Lystra

Heute, Samstag, den 15. März, gehe ich den Weg, den Paulus auf seiner Flucht nach Lystra zurückgelegt hat. Die Straße von Konya nach Lystra, dem heutigen Hatun Saray, verläuft in südlicher Richtung. Es war unheimlich heiß. Die Sonne lag gleißend über welligen, nach allen Seiten hin bis an den Horizont reichenden braunen Ackerwüsten, so daß man jeweils beim Aufsetzen eines Schrittes nicht mehr genau ermessen konnte, wo die feste Realität und Härte des Bodens und was nur gleißende Ausdünstung und Fata Morgana des Grundes war. Mit am Boden entlang schlapfenden Schrittbewegungen vorwärts zu schleifen, wäre hier die angemessenste Fortbewegungsart gewesen, die Holprigkeit und Unebenheit des Bodens ließen aber solches Gehen nicht zu. Hier verdunstet jedes Gebet auf den Lippen; nur der Gedanke, daß auf diesen Straßen auch Paulus ging, vermag die Phantasie noch zu beschäftigen.

Gegen Nachmittag erreichte ich auf der jetzt etwas ansteigenden Sandstraße eine Art Paßhöhe, von der aus sich ein überraschender Blick auf eine sehr eindrucksvoll geformte Bergkette eröffnete, wie ich sie kaum je gesehen habe. Nach dieser Paßhöhe war die Landschaft wie ausgewechselt. Eine frische Brise wehte von den Schneebergen herüber, Bächlein plätscherten munter, einige Bäume setzen Akzente in die Landschaft. Ein Militärcamp und eine Ortschaft mit einer modernen Siedlung tauchten auf, eine Pappelallee am Weg entlang, und dann kam ein Fluß, der von einer baufälligen Brücke überspannt war. Hier war schon zu ahnen, daß man von einer antiken Stadt nicht mehr weit entfernt sein konnte, denn große, behauene Steine lagen überall auf den Feldern umher. Gleich hinter der Brücke kommt man zu dem ehemaligen Lystra. Die Häuser sind alle aus Lehm. Nur eine Moschee und ein stattliches Schulhaus überragen die braunen, geduckten Bauernhäuser. Aber wo war das antike Lystra wirklich? Kein Wegweiser, der auf Ausgrabungsstätten hinweist. Ein Bauernjunge zeigte mir schließlich den Weg nach Lystra, zu einem Ort, der keiner mehr ist. Von der blühenden Stadt, in die Paulus auf der ersten Missionsreise von Ikonium her kam, wo er predigte und gesteinigt wurde, sind nur viele Steine und Scherben verstreut über einen Hügel hin übriggeblieben. In Lystra heilte Paulus einen Lahmen und wurde mit Barnabas zusammen von den Einwohnern als Gottheit angesehen. »Als die Menge sah, was Paulus getan hatte, fing sie an zu schreien und rief auf lykaonisch: Die Götter sind in Menschengestalt zu uns herabgestiegen. Und sie nannten den Barnabas Zeus, den Paulus aber Hermes, weil er der Wortführer war. Der Priester des ›Zeus vor der Stadt‹ brachte Stiere und Kränze an die Tore und wollte zusammen mit der Volksmenge ein Opfer darbringen« (Apg 14, 11–13). Wo mochte der Jupitertempel gestanden haben? Jede Spur verweht! Weder das Heiligtum ist aufzufinden noch das Gemäuer der Stadt. Bis 1885 hat man nicht einmal mehr gewußt, wo Lystra gelegen hat. Bis der amerikanische Professor Sitlington Sterrett mitten in der Steppeneinsamkeit einen verwitterten Stein auffand, der die Inschrift trug: »Divo Augusto Caesari Colonia Julia Felix Lustra Consecravit Decreto Decurionum« – »Lystra, die Glückliche, da sie eine julische Kolonie ist, weiht den Altar dem göttlichen Cäsar Augustus; dieser Beschluß stammt vom Stadtrat.« Letztes Zeugnis einer bedeutenden Stadt und Zeugnis einer paulinischen Stätte.

Von Lystra muß aber noch erwähnt werden, daß aus dieser Stadt einer der engsten Mitarbeiter des Paulus stammt: Timotheus, Sohn eines griechischen Vaters und einer jüdischen Mutter. In ihm fand Paulus »den Mitarbeiter, den er von allen am meisten schätzte, auf den er sich wie auf keinen anderen verließ, dem er persönlich besonders nahestand und der von nun an ohne Unterbrechung bei ihm blieb« (W.-H. Ollrog, Paulus und seine Mitarbeiter, S. 20). An einigen Stellen in seinen Briefen erwähnt der Apostel Paulus seinen »Schüler« Timotheus. Nach 1 Kor 4, 17 entsandte ihn Paulus in die Gemeinde von Korinth: »Eben deswegen schicke ich Timotheus zu euch, mein geliebtes und treues Kind im Herrn. Er wird euch erinnern an meine Weisungen, wie ich sie als Diener Christi Jesu überall in allen Gemeinden gebe«; er bittet in 1 Kor 16, 10, ihn nicht geringzuschätzen; weiter schickte er ihn in die Gemeinde von Thessalonich: »Und schickten Timotheus, unseren Bruder und Gottes Mitarbeiter am Evangelium Christi, um euch zu stärken und in eurem Glauben aufzurichten, damit keiner wankt in diesen Bedrängnissen« (1 Thess 3, 2f), dann nach Philippi: »Ich habe keinen Gleichgesinnten, der so aufrichtig um eure Sache besorgt ist; denn alle suchen ihren Vorteil, nicht die Sache Jesu Christi. Ihr wißt ja, wie er sich bewährt hat: Wie ein Kind dem Vater – so hat er mit mir zusammen dem Evangelium gedient« (Phil 2, 20–22).

So ist in seinem Schüler ein Stück Lystra immer mit Paulus gewesen. Er hatte ohnehin Grund an die Stadt zu denken; denn auch hier in Lystra erreichen die Juden, daß Paulus gesteinigt und, für tot gehalten, zur Stadt hinausgeschleift wird. Von den Jüngern umringt, erhebt er sich wieder und wird am nächsten Tag von ihnen nach Derbe gebracht (Apg 14, 20.21).

Derbe

Auch diesen Weg nach Derbe versuchte ich zu Fuß zu gehen, »auf den Spuren des Paulus«. Zwei Tage führte ein endlos gerader Weg durch weites Steppengebiet auf Karaman zu. Tageno, der Passauer Chronist des Kreuzzuges, sagt: »movimus per spaciossisima et plana loca« – »wir zogen jetzt durch eine sehr weiträumige und ebene Gegend.« Zur rechten Seite kommt ein Berg in Sicht, der die Eintönigkeit der sich hinziehenden Steppe durchbricht. Nebst seiner ungewöhnlich schönen Form hat dieser Berg auch einen schönen Namen, »Haçi Baba«, Pilgervater. Immer wieder begegne ich jetzt Kamelkarawanen. Ich empfinde es deutlich: Ich bin endgültig im Orient. Kamele sind für einen westlichen Menschen immer wieder etwas Faszinierendes. Der augenscheinliche Gleichmut dieser

Tiere besticht, dazu dieses unheimlich ruhige Schauen von oben herab. Die moslemischen Frommen der Wüste, die täglich Umgang mit diesen Kamelen haben, sagen verehrend: »Weißt du, warum das Kamel den Kopf so hoch trägt?« – »Weil es den hundersten Namen Allahs kennt – der Prophet dagegen kennt nur 99 Namen.«

Immer wieder begegne ich auch langsam dahinziehenden Schafherden, bewacht von grimmigen, weißbraunen Hunden, in der Größe von Doggen. Die Schafe tragen Halsbänder mit langen Eisenstacheln zum Schutze gegen Wölfe und reißende Hunde, die immer wieder in die Herden einfallen und den Schafen an die Kehle zu springen suchen. Zwar freut man sich in dieser Einsamkeit über jede Begegnung – ein kurzes Gespräch mit einem Hirten, der Lärm der blökenden Herde –, aber mit den Hunden, die zähnefletschend jeden fremden Passanten, jedes Auto und Gefährt anspringen, das sich in diese verlorene Welt verirrt, ist nicht zu spaßen. Bei aller Abwechslung durch die überraschende Schönheit der Bergform des »Pilgervaters«, trotz vorbeiziehender Kamelkarawanen und Schafherden bleibt es dabei, daß der Weg brutal ist. Nicht umsonst hat der Passauer Domdekan Tageno über die Strecke zwischen Ikonium und Larando (Karaman) geschrieben: »Nemo potest referre famen, sitim, perfidias, fraudes, insultationem, clamores die, nocteque sine intermissione, quae pertulit hilari animo Imperator et exercitus pro Christo.« – »Niemand kann beschreiben den Hunger, den Durst, die Verrätereien, die Betrügereien, die Angriffe, die Schreie bei Tag und Nacht ohne Unterlaß, die Kaiser und Heer gelassen für Christus ertragen.« Weiter südwärts (etwa 90 km von Karaman entfernt) ertrank der sagenumwobene Kaiser Friedrich Barbarossa nach weiteren mühseligen Tagen bei der Überquerung des Taurus im Flüßchen Saleph, am 10. Juni 1190.

Wer diese Wege geht, denkt an die Ungezählten, die hier vorher gegangen sind – einzelne und ganze Heere. Menschliche Schicksale haben sich auf diesen, und wie vielen anderen, Stra-

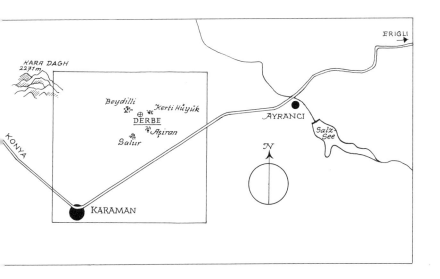

ßen geschürzt und vollendet. So wird der Weg, den ich gehe, selber zum Symbol für das Menschenleben und für die Geschichte der Menschheit, und das Gehen wird zur Meditation.

Von Karaman aus soll Derbe laut Karte nur 22 km nordöstlich liegen. Dreimal wurde mir ein falscher Weg gewiesen. Es ist sehr heiß und windig. Bei jedem Schritt wirbelt der Staub der Sandstraße auf, und, falls wirklich einmal ein Auto kommt, steht man eine ganze Weile in einer dichten Sandwolke. Überall dringt der Sand ein, äußerst unangenehm. Als ich beim vierten Fragen wieder keine rechte Auskunft bekomme, gebe ich auf und sage mir: Es muß nicht unbedingt Derbe sein! Es bleibt also bei dem, was mir meine Unterlagen über Derbe sagen: Die Lage von Derbe konnte erst durch Inschriftenfunde von 1956 und 1965 genau bestimmt werden. Im Sommer 1956 entdeckte M. Balance bei Kerti Hüyük einen größeren Kalksteinblock mit einer Inschrift (wohl einmal ein Sockel für eine Statue) auf freiem Felde, ungefähr 1 km entfernt von einem größeren Hügel (300 m lang, 200 m breit, 20 m hoch), und Scherben aus hellenistischer und römischer Zeit. Direkt am Fuß dieses Hügels entdeckte man 1965 in einer Brücke, die ein kleines Bächlein überspannt, einen Stein mit der Inschrift DERBE, so daß nun dieser paulinische Ort endgültig lokalisiert ist. Freilich, auch Derbe wartet wie Kolossä, Antiochia und Lystra darauf, gründlich freigelegt zu werden. Übrigens, die beiden Reisenden »In den Spuren des Paulus«, B. Ramsay und H. V. Morton, sehen Derbe westlich von Karaman bei der heutigen Ortschaft Gudelisia lokalisiert – gegen sie stehen die jetzt einwandfrei besser ausgewiesenen Funde.

Schon zur Zeit des Paulus war Derbe kein großer Ort. Strabo erwähnt ihn (Geographika XII 1, 4): »Späterhin wurde den Königen vor Archelaus von den Römern noch ein Teil Ciliciens als elfte Statthalterschaft zuerteilt, nämlich die Gegend um Kastabala und Cybistra bis nach Derbe, der Stadt des Räubers Antipater« und (Geographika XII 6, 3): »Auf der Seite von Isaurien liegt Derbe, der fast schon Kappadocien berührende Herrschersitz des Derbeten Antipater, dem auch Laranda gehörte.« Auch Cicero war in Derbe und hielt sich bei seinem Freund Antipater auf (Cicero, Ad familiares XIII, 73): »Dann gewährte mir Antipater von Derbe nicht nur reine Gastfreundschaft, sondern behandelte mich wie zu seiner Familie gehörig.« Heute soll von Derbe außer den oben angegebenen Resten nichts mehr zu sehen sein; es liegt im Dreieck der Orte Beydilli, Asiran und Salur.

Von Derbe aus hätten Paulus und Barnabas über Heraklea und Tyana durch die Kilikische Pforte über Tarsus nach Antiochia am Orontes zurückkehren können, aber in Apg 14, 21.22 heißt es: »Als sie dieser Stadt das Evangelium verkündet und viele Jünger gewonnen hatten, kehrten sie nach Lystra, Ikonium und Antiochia zurück.«

Mein Weg führte von Karaman die nächsten zwei Tage (18. und 19.3.) jetzt weiter, der alten Handelsstraße folgend, nach Heraklea, dem heutigen Eriğli. Von dort an Tyana vorbei in weiteren zwei Tagen (20. und 21.3.) in die Berge des Taurus und durch die Kilikische Pforte nach Tarsus.

Auf der Strecke von Kolossä (hinter Denizli) über Antiochia in Pisidien (Yavalç), Ikonium (Konya), Lystra und Derbe bis über den hohen Taurus ist das Reisen heutzutage sehr schwierig, besonders weil es kaum Herbergen in angemessenen Abständen gibt. Nur in größeren Dörfern, die aber oft 100 km und mehr auseinanderliegen, kann man auf ein anständiges und sicheres Quartier rechnen. Dazwischen steht man buchstäblich auf der Straße und muß sich mit einer äußerst unbequemen Übernachtung in einem alten einsamen Bauernhaus oder einem Schafpferch zufriedengeben. Übernachten im Schlafsack irgendwo neben der Straße ist nicht ratsam – die Gefahr von Überfällen ist nicht gering, und außerdem ist es in den Nächten im Frühjahr empfindlich kalt. Ich denke an Paulus: wie wird es ihm auf seinen Missionsreisen ergangen sein? Was für Verkehrsmittel und -wege gab es? Wie stand es mit Herbergen und Quartieren? Wie und wo konnte er sich verpflegen?

Das Verkehrs- und Herbergswesen zur Zeit des Paulus

Trotz aller Mühen verliefen die Reisen des Apostels Paulus um vieles einfacher als in unseren Tagen. L. Friedlaender sieht das in seinem Buch »Sittengeschichte Roms« so (S. 277): »Die Bedingungen für Leichtigkeit, Sicherheit und Schnelligkeit des Reisens waren im größten Teil des römischen Reichs in einem Grade vorhanden, wie sie es in Europa vielfach erst wieder seit dem Anfange des 19. Jahrhunderts gewesen sind, die Veranlassungen zur Ortsveränderung sogar zahlreicher und mannigfaltiger als in unserer Zeit, und Land- und Wasserstraßen (auch abgesehen vom Handelsverkehr) von Reisenden stets und überall belebt. Die tief eingeschnittenen Fahrgeleise selbst auf den harten Basaltpflastern der Römerstraßen, auch in den von Rom weit entfernten Gegenden, legen noch heute Zeugnis von dieser Regsamkeit des Verkehrs ab. Stand dieser im Norden und großenteils auch im Westen des Reichs hinter dem des 19. Jahrhunderts auch sehr zurück, so fällt dagegen im Süden und

Osten der Vergleich um so mehr zugunsten der römischen Zeit aus.«

Diese Straßen ermöglichten eine für die damalige Zeit unerhörte Bequemlichkeit nicht nur für Truppen und Diplomaten, sondern auch für Reisende und Kaufleute, also auch für Private.

N. Brox (Mission im Neuen Testament, S. 227) bemerkt dazu: »Den Christen war dieser Vorteil bewußt. Irenäus (* um 202 n. Chr.), der als Kleinasiate in Lyon lebte (den Grund seiner Auswanderung kennen wir nicht), schreibt: ›Die Welt hat Frieden durch die Römer und wir (Christen) bewegen uns ohne Angst auf den Straßen und fahren übers Meer, wohin wir wollen‹ (haer. IV 30, 3). Die Römerstraßen haben also die Wege des Evangeliums vorgezeichnet, und die Communio-Struktur der Alten Kirche war, was ihre großräumige Realisierung zwischen den Teilkirchen betraf, von diesen ungehinderten Verkehrsmöglichkeiten abhängig.«

Zudem kam der Apostel Paulus auf seinen in der Apostelgeschichte beschriebenen Wegen mit *einer* Sprache aus: der griechischen, der im römischen Weltreich allgemein geläufigen Sprache, die auch er beherrschte. Der heutige Reisende muß, um sich in den von Paulus besuchten Gebieten verständigen zu können, hebräisch, arabisch, türkisch, griechisch, italienisch, englisch und französisch sprechen. Der Apostel Paulus konnte sich ungehindert auf dem Boden ein und desselben Staatsgebildes bewegen: dem der Weltmacht Rom. Heute muß man im gleichen Raum eine Vielzahl von Paß-, Visa-, Zoll- und Währungsbestimmungen beachten. Wo Paulus auf sauberen Straßen reiste und in Abständen von 40 km Quartier fand, ist in unseren Tagen vielfach herabgesunkene Kulturlandschaft, und von den alten Städten und Karawansereien ist nichts mehr vorhanden – freilich, für die modernen Autotouristen kein Problem; sie fahren einfach bis zum nächsten Touristenzentrum; dreihundert und vierhundert Kilometer spielen dabei keine besondere Rolle.

Mit Blick auf den Apostel Paulus, der auf diesen Straßen an die 14 000 km zurücklegte, mag es interessieren: Wer waren die Leute, die damals unterwegs waren, wenn es heißt, daß die Straßen stets und überall sehr frequentiert waren, und wo fanden diese zahlreichen Reisenden Quartier?

Heute geht es auf den Straßen Hochanatoliens sehr ruhig zu. Es kann passieren, daß einem während eines langen Marschtages von zwölf Stunden höchstens ein Dutzend Autos begegnen, vielleicht auch einmal eine Kamelkarawane und bestimmt das fahrbare Hotel mit Anhänger (Rotel) von G. Höltl aus dem heimischen Tittling bei Passau.

Anders zu Zeiten des Paulus. L. Friedlaender (Sittengeschichte Roms, S. 313) weist dabei auf einen wichtigen Punkt für den dichten Verkehr damals hin: »Die Zentralisation der Verwaltung und Rechtspflege hatte eine ununterbrochene Kommunikation aller Teile des Reichs mit Rom, sowie aller Teile der Provinzen mit den Residenzen der Statthalter zur Folge. Diese letztern unterhielten einen fortdauernden Depeschenwechsel mit den Kaisern, wie es die Korrespondenz des Plinius als Konsularlegat von Bithynien in den Jahren 111-113 mit Trajan zeigt, wenn freilich auch nicht alle Statthalter bei so geringfügigen Veranlassungen, wie er, in Rom angefragt haben werden; und ebenso standen die Prokuratoren und kaiserlichen Hausbeamten in den Provinzen mit den vorgesetzten Behörden in Rom oder dem Kaiser selbst in steter Verbindung. Beamte, die sich auf ihre Posten begaben oder in außerordentlichen Sendungen reisten, waren fortwährend unterwegs, und diese Reisen, die oft unmittelbar aus den Mooren Schottlands an den Atlas, aus den Städten Syriens in die Standlager Germaniens führten, wurden natürlich immer mit größerem oder geringerem Gefolge unternommen.« Weiterhin bemerkt L. Friedlaender (ebd., S. 314): »Sodann hatte die vollkommen ungehemmte Freizügigkeit bei der Vortrefflichkeit der Verkehrsanstalten und der verhältnismäßig großen Sicherheit der stets belebten Straßen ein unaufhörliches Hin- und Herziehen, Wandern und

Reisen eines nicht geringen Teils der Bevölkerung zur Folge: und je länger das ein Gebiet von mehr als 5 Millionen Quadratkilometern umfassende Weltreich bestand, desto zahlreicher wurden die Beziehungen zwischen den verschiedenen Ländern, folglich auch die Motive für die Bewohner, ihren Aufenthalt auf längere oder kürzere Zeit zu verändern. Unternehmungen, Geschäfte, Gewerbe, die in irgendeiner Provinz erfolglos geblieben waren, konnten in jeder andern aufs neue versucht oder mit lohnenderen vertauscht werden.«

Zu häufigen und regelmäßigen Reisen war eine große Zahl von Arbeitern und Beschäftigten genötigt. Die Handwerksgesellen wanderten, wie in späteren Jahrhunderten, von Meister zu Meister. Geschichtsschreiber, Geographen, Kunst- und Altertumsforscher, Naturforscher und Ärzte machten große Reisen. Hierzu gibt L. Friedlaender (ebd., S. 331) eine plausible Begründung: »Das Bedürfnis, sich durch Anschauung zu belehren, war viel verbreiteter als in neueren Zeiten: nicht bloß weil die antike Wissenschaft viel mehr auf Anschauung gerichtet war als die moderne, sondern auch weil die aus Bücherstudien zu gewinnende Belehrung so viel unzusammenhängender und spärlicher, auch unzuverlässiger und schwerer zugänglich war.« Auch die Jugend verließ das Zuhause, um andernorts besseren Unterricht zu bekommen: Schulstädte, die eine größere Zahl von Schülern anzogen, waren Pergamon, Lampsacus, Mediolanum (Mailand), Augustodunum (Autun in Burgund); mehr als provinzielle Bedeutung hatten Karthago und Massilia (Marseille). Auf Rhodos gab es eine berühmte Schule und in Tarsus in Kilikien, der Geburtsstadt des Paulus. Rom, Alexandria und Athen stellten jedoch alle anderen Schulen in den Schatten. L. Friedlaender (ebd., S. 332) zählt auch die Gelehrten und Lehrer aller Fächer zu denen, die häufig unterwegs waren. »Besonders Rhetoren und Sophisten reisten unaufhörlich von einer Stadt zur andern, um Unterricht zu erteilen und Vorträge zu halten, und ernteten so am sichersten Beifall, Ruhm und große Reichtümer.«

Auch Ärzte fand man häufig in den Reisegruppen. Man unterschied damals zwischen fest ansässigen Ärzten und herumziehenden. Ein freigelassener Arzt, L. Sabinus Primigenius, sagt in seiner Grabschrift, daß er, in Iguvium geboren, viele Orte besucht habe und überall durch seine Kunst, noch mehr durch seine Zuverlässigkeit bekannt sei. War auch der Evangelist Lukas, in Antiochia am Orontes geboren, in Troas zu Paulus gekommen, ein solcher Wanderarzt?

Viele Orte in Kleinasien und Griechenland hatten periodisch wiederkehrende Wettkämpfe und Schauspiele. Die traditionellen überregionalen Spiele, wie die Olympischen Spiele zu Ehren des Zeus, die Pythischen Spiele für Apoll und die Isthmischen Spiele bei Korinth für Poseidon, zogen eine Unmenge Zuschauer an. Hier »konnte man rund um den Tempel des Poseidon viele unselige Sophisten hören, die schrien und sich gegenseitig beschimpften, und ... viele Schriftsteller, die stumpfsinnige Werke vorlasen, viele Dichter, die ihre Gedichte mit Musik vortrugen, und andere, die ihnen Lob spendeten, viele Gaukler, die ihre Kunststücke zeigten, viele Zeichendeuter, die Wunderzeichen erklärten, unzählige Redekünstler, die Rechtsfälle verdrehten, und nicht wenige Hausierer, die verhökerten, was jeder von ihnen hatte« (L. Casson, Reisen in der Alten Welt, S. 158 f.).

Unterwegs waren auch viele Menschen zu den großen Wallfahrtsorten, zu berühmten Badeorten und Heilquellen. Ganz gewiß waren unter diesen auch Juden. L. Friedlaender (Sittengeschichte Roms, S. 315) schreibt: »Juden waren in allen Teilen des Reichs ansässig und unterhielten ohne Zweifel lebhafte Beziehungen untereinander und mit dem Mutterlande. Aus ihren sämtlichen Gemeinden brachten angesehene Männer zu bestimmten Zeiten die Tempelabgaben nach Jerusalem; zum Pessachfest zogen aus allen Weltgegenden Tausende von jüdischen Pilgern nach der Heiligen Stadt.«

Immer wieder traf man auch Militär auf den Straßen. Für das Heer wurden viele aus ihren Geburtsländern ausgehobene Soldaten in andere Teile des Reiches versetzt. So weiß man, wie schon erwähnt, daß eine Kohorte Cäsars mit dem Standartenbild der ›Lerche‹ aus Gallien nach Antiochia in Pisidien verlegt wurde und Quintilius Varus (* um 46 v.Chr., † 9 n.Chr.) nach seiner Niederlage im Teutoburger Wald später eine römische Legion in Syrien befehligte. Schließlich kann uns noch interessieren, wo diese vielen Menschen, die unterwegs waren, unterkamen.

Wo unterkommen? Diese entscheidende Frage stellte sich jeder Reisende. Ein Kurier, der ein »diploma«, einen Erlaubnisschein seines Dienstherrn, des Kaisers, besaß, hatte es einfach. Er konnte kostenlos in einem der zahlreichen Plätze des »cursus publicus« (zu übersetzen etwa mit der »Reichspost«) übernachten. Ein solches »diploma« war sehr begehrt und wertvoll.

Der Durchschnittsreisende, der keinen Anspruch auf offizielle Gastlichkeit hatte, keine begüterten Freunde, die ihn aufnehmen und ihm Empfehlungsschreiben geben konnten, die ihm eine Unterkunft sicherten und der keine Dienerschaft hatte, die für eine Reise mit einem Zelt notwendig gewesen wäre, der hatte keine andere Wahl als im Gasthaus zu übernachten. Auf den Hauptstrecken und in bevölkerten Gegenden gab es keine Schwierigkeiten. Er konnte seine Reise an Orten seiner Wahl unterbrechen und konnte dort noch zwischen mehreren Gasthäusern auswählen. In Tres Tabernae an der Via Appia, 33 Meilen (= 49,5 km) von Rom entfernt, wo Paulus auf dem Weg dorthin seine Anhänger traf (Apg 28, 15), gab es zum Beispiel drei Gasthäuser.

Auf einer Reise durch offenes Land mußte der Reisende mit Rasthäusern vorliebnehmen, die er gegen Einbruch der Nacht erreichte. Sie lagen im Abstand einer Tagesreise an den Hauptstrecken. Die Rasthäuser im griechischen Bereich bestanden aus einem quadratischen oder länglichen Hof, in dem die Fahrzeuge und Tiere untergebracht werden konnten und der auf allen Seiten von den Gebäuden mit den Räumen für die Reisenden umschlossen war. Dieser Typ lebte in den Khans des Orients weiter. Außer Essen, Übernachtung und dem Wechseln gemieteter Tiere und Fahrzeuge boten die Gasthäuser auf dem Land dem Reisenden nichts. Auch die durchschnittlichen Hotels in der Stadt nahmen einen Reisenden nur eine Nacht auf. Wer länger als einen Tag in einer Stadt blieb, mietete sich eine Wohnung, wie Paulus während seines Aufenthaltes in Rom (Apg 28, 16), wenn er nicht bei Bekannten oder Verwandten unterkommen konnte. Die Besitzer von Privathäusern vermieteten Zimmer. Die Zimmer waren meist von bescheidener Größe; zudem mußten sie oft mit weiteren Gästen geteilt werden. Die Möblierung war minimal: Bett (lectus), Matratze (matella) und Lampenständer (candelabrum). »Erfahrene Reisende sahen sich die Matratze sehr genau an, weil Wanzen so häufig vorkamen, daß sie als ›cauponarum aestiva animalia‹ bekannt waren, ›Sommertiere der Gasthöfe‹« (L. Casson, Reisen in der Alten Welt, S. 240). Die Wände der Zimmer wurden von den Gästen bekritzelt, und man kann heute noch lesen, wer übernachtete und sich nach Hause sehnte oder an seine Liebste dachte – so in Pompeji.

Es ist anzunehmen, daß Paulus auf seinen Reisen jeweils Aufnahme fand unter jüdischen Stammesgenossen oder bei Brüdern und Schwestern christlicher Gemeinschaften. Es ist aber auch anzunehmen, daß er durchaus das eine oder andere Mal in öffentlichen Herbergen bleiben mußte. Von ihm selbst gibt es keine einzige Bemerkung über die Verhältnisse diesbezüglich. Kurz vor ihm aber berichtet Horaz (*65, †8 v.Chr.) über die Herbergen in Forum Appii, wohin auch Paulus auf seiner Reise nach Rom kam und wo ihn bereits Brüder aus Rom empfingen (Apg 28, 14f.). Forum Appii, »wo es wimmelt von Seeleuten und betrügerischen Schenkwirten« (Horaz, Satiren I 5, 3), war bekannt wegen eines Barkendienstes, den es dort gab. Reisende konnten abends eine Barke besteigen, die von einem Maultier an einem Seil in einem Kanal durch die pontinischen Sümpfe gezogen wurde und sie im Schlaf bis fast nach Terracina, dem nächsten größeren Haltepunkt, brachte, womit ihnen eine Tagereise auf der Straße erspart war. In Forum Appii begannen Horazens Beschwernisse (Horaz, Satiren I 5, 3): »Wegen verpesteten Wassers erklär' ich den Krieg meinem Magen, Harr' der Gefährten, die unterdes speisten, doch war ich im Herzen gleichmütig nicht; schon schickte die Nacht sich an, die Schatten über das Land zu breiten, am Himmel Sterne zu streuen. Da überhäuft mit Gezank der Sklave den Schiffer, die Schiffer wieder die Sklaven: ›Land hier!‹ – ›Du stopfst ja tausend hinein. Oh, jetzt ist's genug!‹ Und während das Geld man kassiert und das Maultier anschirrt, vergeht eine Stunde. Die bösen Schnaken, der Sumpffrosch scheuchen den Schlaf; um die Wette besingen die ferne Geliebte feucht vom gestandenen Wein der Schiffer und Schlepper gemeinsam. Endlich ermattet beginnt der Schlepper zu schlafen. Der Schiffer schickt auf die Weide das Maultier, der Faulpelz, umschlingt einen Steinblock mit seiner Leine und schnarcht, auf den Rücken sich streckend zur Ruhe.

Schon war gekommen der Tag, als wir merken, daß unser Kahn stilliegt – bis dann endlich ein Hitzkopf hinausspringt aus unserem Fahrzeug, Kopf und Lenden des Maultiers – doch auch des Schiffers – zu dreschen mit einer Weidenholzpeitsche; schon zehn Uhr ist die Uhr, wie wir landen« ... in Terracina. Hier traf Horaz mit Maecenas und dem größeren Teil der Gesellschaft zusammen. Obwohl von Paulus dergleichen nicht berichtet ist, könnte man sich sehr wohl eine Übernachtung dergleichen vorstellen.

Von einer anderen Übernachtung, in einer Wohnung, die zum Unglück über einem Bad lag, berichtet ein Zeitgenosse des Paulus, der Philosoph Seneca (* 4 v.Chr., † 65 n.Chr.). Seine Schildung des Lärms, der zu ihm heraufdrang, ist Mitleid einflößend (Seneca, Briefe, 56, 1.2): »Ich wohne unmittelbar über einem Bad. Stell Dir nun alle Arten von menschlichen Geräuschen vor, die einen dazu bringen können, daß man seine Ohren haßt; wenn die Muskelmänner trainieren und ihre mit Bleigewichten beschwerten Hände nach vorn schleudern, wenn sie sich abmühen – oder so tun, als ob –, dann höre ich das Stöhnen; sooft sie den zurückgehaltenen Atem auslassen, das Zischen und schwere Atemholen. Gerate ich an einen faulen Badediener, einen, der sich mit der plebejischen Art von Salbung zufrieden gibt, dann höre ich das Klatschen der auf die Schultern geschlagenen Hand; dabei ändert sich der Klang, je nachdem, ob sie flach oder hohl aufschlägt. Wenn dann noch ein Ballspieler dazukommt und anfängt, seine Ballwürfe zu zählen, dann bin ich erledigt. Nimm dazu einen Streitsüchtigen, einen erwischten Dieb, einen, dem sein Tenor im Bad gefällt. Zähl die hinzu, die mit ungeheurem Aufklatschen in das Schwimmbekken springen. Als Höhepunkt all dieses Stimmengewirrs denk Dir den Haarauszieher, der, damit man merkt, daß er da ist, seine dünne Fistelstimme immer wieder erhebt und nur dann verstummt, wenn er einem Kunden die Achselhaare auszupft und derweilen ein anderer für ihn das Ausrufen besorgt. Und schließlich vergiß nicht die Anpreisungen des Kuchenverkäufers, des Wurstmachers, des Zuckerbäckers, der Kellner aller Garküchen, die ihre Ware allesamt mit ihrer eigenen und bezeichnenden Stimmenmodulation zu verkaufen versuchen.«

Das Essen in den Herbergen
Während die Reisenden aus den einfacheren Schichten ihr selbstmitgebrachtes Essen hatten, bzw. Fleisch und dergleichen an der Feuerstelle des Quartiers selbst zubereiteten, machte sich der besser betuchte Reisende auf die Suche nach einem »Kapeleion« oder »Potisterion«, wie es in griechischen Städten hieß, oder einer »Popina« oder »Taberna« in lateinisch sprechenden Städten. Die Gasthäuser standen meist an belebten Plätzen wie den Stadttoren, bei den Bädern, den Theatern, den Gladiatorenkasernen, dem Forum und anderswo.

Wer in Eile war und nur einen schnellen Imbiß wollte, aber doch bei keinem Straßenverkäufer essen wollte, der ging zu einer der einfachsten Tabernen, vor der er im Stehen essen konnte. Es waren dies Garküchen mit einem 1,90 m bis 2,50 m langen Ladentisch zur Straße hin. In der Wand, an der der

Ladentisch endete, gab es eine Reihe von Borden, die in wechselnder Tiefe, wie eine Miniaturtreppe, nach oben schmäler wurden und auf denen Gläser, Teller usw. standen. Die eigentliche Taberna war ein winziger Raum, in dem in der Regel der Wirt, seine Gehilfen, seine Frau, seine erwachsenen Kinder und seine Sklaven sich aufhielten. Der Kunde stand auf der Straße, und was er bestellte, wurde vor ihm auf den schmalen Tisch hingesetzt, der ihn vom Innern der Taberna trennte: Aus einem der Krüge geschöpfter Wein, Brot, ein Stück Fleisch, Wurst und dergleichen (so geschildert bei L. Casson, Reisen in der Alten Welt, S. 243).

Ganz reiche Leute reisten natürlich anders. Ein Beispiel einer solchen Reise liefert der römische Verwaltungsbeamte Theophanes, der auf dem cursus publicus von Oberägypten nach Antiochia am Orontes und zurück reiste. Er war begleitet von zwei ihm untergebenen Beamten, einem Haushofmeister, einem Sekretär und einem Schwarm von Dienern. Hier ein Auszug aus dem in einigen Seiten erhaltenen Abrechnungsbuch dieser Reise: die Rückreise von Antiochia über Beirut nach Pelusium (nahe dem heutigen Port Said): »Am 19. Juli machte Theophanes seine Gesellschaft zur Rückreise am kommenden Morgen bereit. Nahrungsmittel wurden eingekauft: feines Brot für Theophanes und diejenigen, die an seiner Tafel speisten, billigeres Brot für die Diener, Krüge mit dem örtlichen Wein, Rind- oder Kalbfleisch für das Abendessen des Herrn, Weintrauben, Aprikosen, Wassermelonen, Kohl, Olivenöl, die garum genannte, besonders würzige Sauce zum Kochen, Honig zum Süßen und Holz für das Feuer. Kommenden Tags brach die Gesellschaft auf, nachdem noch Würste und Äpfel besorgt worden waren, wahrscheinlich spät am Vormittag, da sie zum Übernachten in einem Dorf haltmachte, das nur achtzehn Meilen von Antiochia entfernt war. Am 21. hingegen bewältigten sie in einem Zug fünfzig Meilen und erreichten Laodikea. Theophanes hatte dort wohl etwas Dienstliches zu erledigen, denn sie verweilten den ganzen 22. in der Stadt und verwendeten auch etwas Zeit darauf, weitere Vorräte einzukaufen. Theophanes war hier mit dem Wein wählerisch: in Laodikea kostete der halbe Liter, den er für sein Mittagessen besorgen ließ, fast ebensoviel wie der gesamte Trinkwein für die große Schar seiner Diener. Am 23. waren sie wieder unterwegs und erreichten am 25. Byblos nach der beachtlichen Leistung von 140 Meilen in drei Tagen. Unser Weinkenner muß sich hier einen besonders guten Wein geleistet haben, da das Rechnungsbuch eine Ausgabe für Schnee vermerkt; dieser muß von der Höhe des nicht fernen Libanon gekommen sein und wurde zum Kühlen des Weins verwendet. Dieser Luxus war nicht sehr teuer, wenn man bedenkt, unter welchen Umständen er beschafft werden mußte; der Wein kostete 700 Drachmen, der Schnee nur 100. Nach Beirut, vierundzwanzig Meilen weiter, kamen sie am 26. und konnten dort verschiedenartige Früchte (Weintrauben, Feigen, Pfirsiche, Aprikosen) und neue Mittel für ihre Körperpflege besorgen (Natron, Bade-Öl, Seife). Am kommenden Tag unterbrach man die Reise nach vierunddreißig Meilen in Sidon, und hier wurden Eier für das Abendessen des Herrn gekauft (zweifellos bei der Sommerhitze ungefährlicher als Fleisch). Die Eintragungen für die kommenden Tage sind nur in Bruchstücken auf uns gekommen; sie geben lediglich eine Vorstellung von den Reiseleistungen der Gesellschaft: sechsunddreißig Meilen nach Tyrus am 28. Juli, fünfundvierzig nach Ptolemais am 29. und vierundvierzig nach Caesarea am 30. mit einer Unterbrechung zum Mittagessen in einer ›mutatio‹ (Gastwirtschaft an einem Ort an der Straße, wo die Gespanne gewechselt werden) an der Strecke. Auch folgenden Tags aßen sie in einer ›mutatio‹, wo man ein Tier für sie schlachtete, denn eine Eintragung vermerkt den Kauf von 4 Pfund Rind- oder Kalbfleisch. Sie übernachteten in Antipatris nach einer Tagesleistung von dreiunddreißig Meilen. Das Mittagessen am nächsten Tag (1. August) in Gebala enthielt Lamm- und Schweinefleisch und kostete nur einen Bruchteil des Rind- oder Kalbfleisches. Bis zum Abend hatten sie nach einer Tagesleistung von dreiundvierzig Meilen Askalon erreicht, wo Theophanes zum Abendessen Eier speiste und alle sich an Pfirsichen, Pflaumen, Weintrauben, Feigen und Äpfeln gütlich taten. Am 2. August schafften sie neununddreißig Meilen bis Raphia, wo es zum Abendessen Käse, Ziegenfleisch und Früchte gab. Nach weiteren achtunddreißig Meilen am 3. August waren sie in Rhinocolura, Ausgangspunkt für die Durchquerung der Wüste. Hier füllten sie die Vorräte auf. Sie kauften einen dreifachen Vorrat an Brot ein und nicht weniger als 140 bis 160 Liter Wein. Der hohe Herr machte sich auf die vor ihm liegende Durststecke bereit, indem er sich und einigen Gästen zum Mittagessen einen Wein gönnte, der genau so viel kostete wie die 140 Liter. Im Wüsten-Gasthaus konnten sie am folgenden Tag etwas Käse für ihr Mittag- und Abendessen bekommen sowie einige Weintrauben und Wassermelonen zum Nachtisch, aber das Gasthaus, bei dem sie am 5. August zum Mittagessen rasteten, konnte ihnen offenbar überhaupt nichts bieten. Bei Einbruch der Nacht waren sie in Pelusium, also wieder am Ausgangspunkt ihrer Reise. Sie feierten das, indem sie nicht nur Eier und Käse, sondern auch getrockneten Fisch kauften. Und am nächsten Tag aßen sie zum ersten Mal in den achtzehn Tagen seit der Abreise von Antiochia frischen Fisch.« (L. Casson, Reisen in der Alten Welt, S. 221–223). Bei der Schilderung solch lukullischer Genüßlichkeit ist es angebracht, einiges über die Speisegewohnheit des einfachen Volkes zu erfahren. Aus der Lebensmittelversorgung der griechischen und römischen Städte erfahren wir die Speisegewohnheiten des einfachen Mannes. Die staatliche Versorgung umfaßte Getreide, später noch eine Ration Öl, nicht Fleisch. Sehr viele Menschen hatten wohl nicht mehr als ihnen von Staats wegen zukam. Die breite Masse der Bevölkerung ernährte sich für den Alltag mit aus Gerstenmehl gekochtem Brei und mit aus Weizenmehl gebakkenen Brotfladen (vgl. G. Theissen, Die Starken und Schwachen in Korinth, in: New Testament Studies 21 [1975] S. 159). Die einzige Chance, Fleisch zu essen, hatten die untersten

Schichten nur bei besonderen Anlässen. Es gab Fleischverteilungen bei so außerordentlichen Begebenheiten wie Siegesfeiern, Leichenfeiern, Stiftungen öffentlicher Opfermahle für alle, bei Festspielen wie den Dionysien. Die Mitglieder der unteren Schichten aßen im alltäglichen Leben kein Fleisch (vgl. ebd., S. 161).

Nach den Einblicken in die Art des Reisens und der Gewohnheiten der Verpflegung dieser Menschen zur Zeit des Paulus, mag es nicht unerheblich sein, welches die Gewohnheiten waren beim Verzehr der Speisen. L. Casson (Reisen in der Alten Welt, S. 244) schreibt dazu: »Die Speisen waren zerkleinert, das Fleisch geschnitten, so daß die Finger als Eßwerkzeuge genügten. In der späten Kaiserzeit benützte man auch Löffel, selten eine Gabel.«

Paulus gehörte nicht zu den Reichen, ebensowenig wie sein »Herr«, Jesus selber, auf seinen Wanderungen in Judäa, Galiläa und im syrischen Grenzgebiet. Zu Fuß gehend, wie heute nur die Allerärmsten, in den Übernachtungen manchmal und beim Essen oft, darf ich mich also dem Apostel wohl nahe fühlen. So überwinde ich, zum Teil wenigstens, die 1900 Jahre Abstand und stelle die nötige menschliche Nähe her zu dem, der vor mir diese Straßen und Wege gegangen ist.

Donnerstag, der 20.3. In zwei Tagesmärschen bin ich von Karaman über Eriğli nach Ulukisla gekommen, dem Ausgangspunkt für die Taurusüberquerung. Zwei Tage werde ich nun brauchen, bis ich die Tauruspässe überwunden haben werde und durch die Kilikische Pforte Tarsus erreiche.

Die Kilikische Pforte

Auf der Paßhöhe von Gülek Boğazi (1050 m) habe ich sehr gut übernachtet und heute (21.3.) komme ich kurz nach Mittag an die Kilikische Pforte.

Der größte Teil des Verkehrs zwischen Orient und Okzident ging auf der Straße über den Taurus (bis zu 3400 m aufsteigende Berge) und mußte dort durch den von hohen Felswänden eingefaßten Engpaß der »Kilikischen Pforte«. Einen großen Teil dieser Schlucht nimmt der reißende Gebirgsfluß Kydnos (heute Tschakyt) ein. Zur Zeit des Paulus lief die Straße zum Teil in den Felsen »hineingetieft« und zum Bergfluß Kydnos hin zum Teil mit Stützen und Streben »verbreitert« an der östlichen Felswand entlang. Ingenieure haben am Anfang unseres Jahrhunderts eine Straße auf Betonstreben angelegt und den reißenden Fluß zum Teil ganz abgedeckt, so daß der Paß auch zur Zeit der Schneeschmelze zu passieren ist, während in früheren Zeiten zuweilen kein Durchkommen war, wenn die vielen Wasser von den Bergen herabschossen und sich als reißender Fluß durch die etwa 10 m breite Schlucht durchzwängten. Heutzutage ziehen die Fernlastzüge, mit Öl beladen, vom Hafen Mersin her langsam und schwer durch die Kilikische Pforte hinauf zu den Tauruspässen, um ihre kostbare Fracht in die Städte nördlich des Taurus zu bringen, besonders in die Hauptstadt Ankara. Selten begegnen einem andere Autos und noch seltener Menschen. Nur ab und zu, daß ein Hirte mit seiner Herde schwarzhaariger Ziegen, typisch für das ganze Taurusgebiet, seines Weges zieht. Seit uralten Zeiten wurde dieses Haar der Tauruziege zu Tüchern und Zelten gewoben. Die Tücher aus Tarsus waren im ganzen römischen Weltreich berühmt; sie hatten den Namen Cilicium. Ebenso begehrt waren die Zeltplanen aus Tarsus; sie hatten die Eigenschaft, wasserdicht zu sein. Paulus erlernte das Gewerbe des Zeltwebers (Apg 18, 3), sein Vater war vielleicht Händler mit diesen bodenständigen Textilien aus Tarsus.

Das Durchqueren der Kilikischen Pforte war gefährlich und berüchtigt. An dieser engsten Stelle konnten Karawanen leicht aufgehalten und ausgeplündert werden, auch für Kriegszüge war diese Stelle für Überfälle des Feindes ein strategisches Ziel. Durch diese »Pforte« zogen die Großen der Geschichte: Die

Königin Semiramis (Regentschaft 810–788 v. Chr.), um in der Salzsteppe Lykaoniens die Stadt Tuana zu gründen, der Perserkönig Darius 500 Jahre vor Christus bei seinem Feldzug gegen die Skythen, Alexander der Große bei seinem Kriegszug 333 vor Christus gegen Persien, Harun al-Raschid aus Bagdad, um vom Kaiser Nikephoros von Byzanz (*765, †811 n. Chr.) Tribut zu erzwingen, die Gesandten der europäischen Höfe zu den Kalifen von Bagdad, zahllose Karawanen, denen sich einzelne Reisende anschlossen, Schausteller und Gaukler.

Auch Paulus mußte auf seinen Missionsreisen verschiedene Male die Kilikische Pforte passieren.

Tarsus

In leichten Windungen bewegt sich ab der Kilikischen Pforte die Straße südwärts und erreicht, wo die letzten Ausläufer des Taurus sind, die Stadt Tarsus. Jetzt eine staubige Stadt in flacher Ebene gelegen, war Tarsus früher durch den See Rhegma unmittelbar mit dem Meer verbunden. Der reißende Kydnos-Bach aus dem Taurus hat in vielen Jahren den See Rhegma mit Schlamm aufgefüllt, die Leute von Tarsus in ihrer reichsten Phase waren zu träge, den Schlamm und Schlick immer wieder zu entfernen. So verlandete das Hafengebiet, die Stechmücke kam und damit das Fieber. Das weitere Schicksal der Stadt Tarsus ist damit beschrieben.

Werde ich hier Paulus, meinem heimlichen Weggefährten, in deutlichen Spuren begegnen?

Tarsus ist heute eine nicht gerade sehr schöne Türkenstadt. Die durchweg nur einstöckigen Häuser bedecken nur einen kleinen Teil der antiken Stadt. Aus dem Tarsus des Paulus ist nur mehr ein kleines Stück Stadtmauer und das Kleopatra-Tor erhalten. Archäologen, die ihre Ausgrabungen bis zu 7 m in die Tiefe treiben müßten, würden hier ein vielversprechendes Betätigungsfeld finden, und gewiß gäbe es viele hervorragende Funde. Eine schweizerische Archäologengruppe in Verbindung mit dem türkischen Archäologen Dr. Müben-Beken ist dabei, einen Brunnen, der noch heute als »St. Pauls Well« (Paulusquelle) verehrt wird, in seiner ursprünglichen Anlage ungefähr 5–7 m unter dem heutigen Bodenniveau freizulegen. Die Quelle selber liegt 20 bis 25 m tief in der Erde. Dieser Brunnen, der, um ihn vor dem Zerfall zu bewahren, immer wieder aufgemauert wurde, soll nach dem Archäologen Dr. Müben-Beken zum früheren Wohnbereich des Elternhauses des Paulus gehört haben. Funde von Mosaiken, Säulenbasen und -fragmenten aus dem ersten vor- und nachchristlichen Jahrhundert sowie die lebendige Tradition der Verehrung durch die Einwohner erhärten diese Vermutung. Ist diese Brunnenanlage einmal freigelegt, soll neben dem Brunnen ein kirchlicher Raum, der den Besuchern aller Konfessionen der ganzen Welt zur Verehrung des Völkerapostels offenstehen soll, errichtet werden. Einstweilen kann ich nur am Brunnen sitzen und mir Kindheit und Jugend des Knaben, dann des jungen Mannes Saulus vorstellen. Hierher kehrte er nach der »Bekehrung vor Damaskus« zurück, und hier suchte ihn Barnabas auf. »Er fand ihn und nahm ihn nach Antiochia mit« (Apg 11, 26).

Die Geschichte der Stadt Tarsus verliert sich im Nebel der Mythologie. Erst die Seleukiden brachten sie in den Einflußbereich der hellenistischen Welt. Fast ganz gräzisiert fanden die Römer Tarsus vor. Julius Cäsar wandte dieser Stadt seine Gunst zu, die vorübergehend Juliopolis hieß. Der Bürgerkrieg führte Tarsus in schwere Bedrängnis. Als Antonius sich durchsetzte, machte er Tarsus zu einer Freien Stadt. Ein Höhepunkt war der Besuch Kleopatras (41 v. Chr.), der Königin von Ägypten, zu deren Empfang das Kleopatra-Tor gebaut wurde. Zur Zeit des Paulus stand Tarsus in großer wirtschaftlicher Blüte; sie überragte schließlich alle Städte an der Südküste Kleinasiens. Nur Ephesus blieb nach wie vor die größte und glänzendste der Städte (Apg 21, 39).

Der antike Geograph Strabo meint sogar, daß Tarsus in bezug auf die Wissenschaft nur von Alexandria und Athen übertroffen wurde. Athenodoros (*um 75 v.Chr., †7 n.Chr.), der Lehrer des Kaiser Augustus, wirkte an der Universität von Tarsus. Cicero war als Prokonsul Kilikiens Bürger dieser Stadt. In der Philosophie hatte die Stoa die Vorherrschaft.

Die Weltoffenheit dieser Stadt hat auf Paulus eingewirkt. Wir finden in seinen Briefen stoische Vorzugswörter wie »Gewissen«, »Natur«, »Freiheit«, stoische Gedanken wie »die Erkenntnis Gottes aus seinen Werken« (Röm 1, 20) oder »das ungeschriebene Gesetz, das in uns wirkt« (Röm 2, 14).

Das Religionswesen hatte mehr synkretistischen Charakter. Juden gab es natürlich auch in dieser reichen Handels- und Kulturstadt. Aus einer solchen jüdischen Familie entstammte Paulus. Er wurde streng nach der Sitte der Väter erzogen und schließlich zum weiteren Studium der Hl. Schriften nach Jerusalem geschickt.

Wenn Paulus innerlich also ganz Jude war, teilte sich ihm doch das griechisch-kosmopolitisch-weltoffene Gepräge seiner Vaterstadt mit. G. Faber (Auf den Spuren des Paulus, S. 43) sieht richtig, wenn er schreibt: »Seine sprachlichen Bilder entsprechen der Sphäre der Urbs, sie entstammen der Welt des Theaters, des Zirkus, des Gerichts, des Hafens, des Handels, der Handwerker, der Sklaven. Die Gleichnisse Jesu hingegen vermitteln, seinem Lebenskreis entsprechend, ländliche Bilder und Begriffe: Jahreszeiten, Weinberge, Fischfang, Hirten und ihre Herden.«

Berühmter als Cäsar oder Antonius, der sich mit Kleopatra in Tarsus traf, oder Cicero, oder Athenodoros, der Lehrer des Octavianus Augustus, berühmter hat ein für allemal Paulus diese Stadt gemacht.

Ich selbst finde mit meinem Begleiter Quartier im Palast-Hotel; freilich mit Palast und auch mit Hotel hatte das kaum etwas zu tun!

Anderntags (Samstag, 22. März) breche ich zu einer letzten Teilstrecke auf türkischem Gebiet auf nach Adana – Ceyhan – Iskenderun – Antakya (254 km).

Die Straße von Tarsus in Richtung Adana ist für einen Menschen zu Fuß eine regelrechte Selbstmörderstrecke. Obwohl die Straße viel breiter ist als die Paßstraße über den Taurus, wird hier auf dieser geraden Straße gefahren wie der Teufel, völlig disziplinlos. Verständlich meine zornigen Wünsche über jeden »solchen Türken«: »Allah soll dir den Hals abschneiden!« Freilich, solche Wünsche entsprechen der Heiligkeit des Wallfahrtsunternehmens nicht, und so schicke ich mich später wieder an, »solche Flüche« mit vielen Rosenkränzen zu neutralisieren. Über Adana und Ceyhan ist nicht viel zu berichten, ich selbst lege ein scharfes Tempo vor und schaffe jeden Tag an die 60 km. So komme ich bereits am 3. Tag, am Montag abends (24.3.) nach Iskenderun. Das für die Weltgeschichte wichtige Issos liegt nördlich dieser Stadt.

Issos

Der Landstreifen zwischen Meer und Gebirge ist hier sehr schmal. Hier kam es zu einer entscheidenden Schlacht zwischen Alexander d. Großen und dem Perserkönig Darius III., im Jahre 333 v. Chr. P. Bamm (Frühe Stätten der Christenheit, S. 108) schildert kurz den Verlauf: »Die Akteure der Schlacht waren auf der einen Seite der dreiundzwanzigjährige König Alexander von Mazedonien und seine Armee von dreißigtausend gut ausgebildeten und gut bewaffneten Soldaten. Auf der anderen Seite stand König Darius III. von Persien mit einem Heer von zweihunderttausend Mann. Alexander gewann die Schlacht. Der persische Gegner kam auf dem engen Schlachtfeld nicht dazu, seine Streitmacht operativ zu entwickeln.«

Nach dieser siegreich verlaufenen Schlacht standen für den jungen Alexander von Mazedonien die Wege offen bis zur Sahara, bis nach Kabul in Afghanistan und bis zum Indus. Auf diesem kleinen unscheinbaren Stück Land wurde das eingeleitet, was man Hellenismus nennt: Durchdringung Westasiens mit griechischer Kultur und umgekehrt Eindringen asiatischen Religions- und Kulturgutes in die westliche Welt.

Das Bergmassiv des Haçi Baba, des »Pilgervaters«, durchbricht angenehm die Eintönigkeit der sich hinziehenden Steppe

Abwechslung in die Eintönigkeit der Steppe bringen auch vorbeiziehende Kamelkarawanen

Einkehr auf der Paßhöhe von Gülek Boğazi (1050 m) im hohen Taurus

*Die
Kilikische Pforte*

Tarsus. Die Geburtsstadt des Paulus. Vom alten Tarsus ist nur mehr ein kleines Stück Stadtmauer und das Kleopatra-Tor erhalten

Antiochia am Orontes. Zu Zeiten des Paulus die drittgrößte Stadt der damals bekannten Welt – hier konsolidierte sich die junge Christengemeinde nach der Flucht aus Jerusalem

In Iskenderun gibt es ein altes russisches Pilgerheim. Die russischen und bulgarischen Pilger fuhren per Schiff von Odessa nach Iskenderun, von dort gingen sie oder ritten sie auf Eseln oder Maultieren über Antiochia nach Aleppo, Damaskus und Jerusalem. Nach einem Besuch der Geburtskirche in Bethlehem zogen sie dann denselben Weg wieder heimwärts. In der Regel dauerte eine solche Pilgerfahrt ein Jahr, und die meisten hatten ihr ganzes Leben darauf gespart.

Im Geiste also vereint mit diesen Frommen aus dem alten Rußland ging ich am Dienstag (25.3.) den Weg weiter (54 km) nach Antiochia am Orontes (heute Antakya) – früher zu Syrien gehörig – und in syrischen Landkarten immer noch als syrisches Staatsgebiet eingezeichnet. Ich wußte, daß ich auf eine Weltstadt der Pauluszeit zuging; die Kultur des griechischen Raumes und der vorderasiatischen Völker- und Religionsvielfalt strömte einst in ihr zusammen; das junge Christentum konnte daran nicht vorbei. Mein Begleiter im Auto und ich nahmen ein einigermaßen gutes Quartier und richteten uns darauf ein, den folgenden Tag (Mittwoch, den 26.3. – Mittwoch in der Karwoche!) ganz zur Besichtigung von Antakya und zum Bedenken der Geschichte dieser Stadt zu verwenden.

Antiochia am Orontes (heute: Antakya)

Zu Zeiten des Paulus war Antiochia die drittgrößte Stadt der ganzen damals bekannten Welt, geschmückt mit herrlichen Tempeln, meilenlangen Kolonnaden und mit luxuriösen Bädern ausgestattet. Der Circus von Antiochia war der größte im Römischen Weltreich. Antiochia verdankt seine Entstehung sicherlich seiner geographisch wirtschaftlich und klimatisch sehr günstigen Lage. Seleukos I. (* um 358, †281 v.Chr.) hat die Stadt gegründet.

Nach dem Tod Alexanders d. Großen (323 v.Chr.) geht der größte und wertvollste Teil des mazedonischen Großreichs an Antigonos (* 382, †301 v.Chr.), einen der Generäle Alexan-

Damaskus. Durch dieses Osttor kam Paulus nach seiner
»Bekehrung« in die Stadt

ders, über. Antigonos hatte das Gebiet vom Hellespont bis an die Grenzen Ägyptens inne. Er baute sich am Unterlauf des Orontes (etwas oberhalb des späteren Antiochia) 306 v. Chr. eine Hauptstadt, die er nach ihm selbst Antigoneia nannte. Aber seine Herrschaft und seine noch sehr junge Hauptstadt nahmen im August 301 v. Chr. ein jähes Ende, als ihn die verbündeten Diadochen Lysimachos und Seleukos in der Schlacht bei Ipsos schlugen, ihn selbst dabei töteten und die Hauptstadt Antigoneia zerstörten. Alles Land diesseits des Taurus bis zum Indus kam damals in den Besitz Seleukos I.

Da die alte Hauptstadt Antigoneia vernichtet worden war und es dem Stolz des Seleukos widersprach, Antigoneia wieder aufzubauen, war es am besten, wegen der günstigen militärischen und verkehrsgeographischen Lage in der Nähe von Antigoneia eine neue Stadt, nämlich Antiochia, zu bauen. Günstig für die Gründung Antiochias waren die nahegelegenen Quellen des heiligen Ortes Daphne mit reinem Wasser. Später in der römischen Zeit war Daphne der Sommeraufenthalt der reichen Römer und syrischen Kaufleute. Das Besondere an Daphne schildert P. Bamm (Frühe Stätten der Christenheit, S. 110f.): »An einem steilen, vielleicht hundert Meter hohen Berghang, unter Lorbeerbäumen, Zypressen, Eichen und Eukalyptusbäumen, entspringen aus dem Felsen zwanzig armdicke Quellen. In einem zarten Silberfiligran vereinigen sich die Quellbäche, trennen sich wieder, bilden kleinere und größere Wasserfälle, um sich schließlich in einem Becken zu sammeln, aus dem ein mächtiger Wasserfall zum Orontes hinabstürzt ... Die Villen und Bäder gruppierten sich um dieses einzigartige Naturphänomen.« Apollo und die thessalische Nymphe Daphne wurden dort verehrt. O. F. Meinardus (Die Reisen des Paulus, S. 31) schildert diese Verehrung so: »Männliche und weibliche Prostituierte kamen aus dem ganzen Osten, um in den daphnischen Hainen sich anzubieten. Päderastie, Sodomie und die Vielfalt lesbischer Unterhaltungsmöglichkeiten wurden in Daphne bis aufs Raffinierteste praktiziert.«

Im Jahre 64 v. Chr. kam Antiochia durch Pompejus unter römischen Einfluß. Von nun an war es nur noch die Hauptstadt einer Provinz im römischen Weltreich. Aber die Stadt verlor nicht an Bedeutung, sondern blieb ein Fixpunkt im Ostteil des römischen Imperiums. Pompejus war von der Schönheit Antiochias fasziniert und machte die Stadt als Zeichen seiner Anerkennung zur Hauptstadt des nördlichen Teils der Provinz Syrien. Unter Kaiser Augustus (* 63 v. Chr., † 14 n. Chr.) erlebte das römische Imperium und speziell Antiochia eine außerordentliche Blütezeit. Die besondere Zuneigung des Augustus für Antiochia drückte sich in zwei Besuchen (31/30 und 20 v. Chr.) aus. Der Kaiser belebte Antiochia durch die Gründung von Spielen, die später den Status Olympischer Spiele bekamen. Sie fanden alle vier Jahre statt. Zusätzlich gab es noch den Wettkampf des Eukrates in den Disziplinen Laufen und Flötenspielen.

Im Jahr 40 n. Chr. brach eine heftige Auseinandersetzung mit den Juden aus. Schon lange waren die Griechen in den Städten Syriens, Palästinas und Ägyptens den Juden feindlich gesonnen, weil diese vom Militärdienst freigestellt waren und nicht den offiziellen Staatskult und die Kaiseranbetung mitvollziehen mußten. Die bevorzugte Stellung, welche sie einnahmen, war der übrigen Einwohnerschaft natürlich ein Dorn im Auge. Schon im Jahre 38 n. Chr. kam es in Alexandria zu Feindseligkeiten zwischen Juden und Griechen. Da Antiochia gute Handelsbeziehungen zu Alexandria hatte, wurde auch hier dieser Vorfall schnell bekannt und auf Antiochia übertragen. Die Juden von Antiochia identifizierten sich mit denen von Alexandria. Die Unruhe entzündete sich im Hippodrom bei einem Streit zwischen der Partei der Blauen und der Grünen. Wie in München heutzutage die Fans des Fußballclubs 1860 München sich heiße Kämpfe mit den Fans des FC Bayerns liefern, so gab es damals die Fans, die bei den Pferdewagenrennen den Rennstall ihres Stadtteiles leidenschaftlich unterstützten; die Blauen (links des Orontes) gegen die Fans der Grünen, die rechts des Orontes wohnten (darunter auch die Juden).

Die Unruhen vom Hippodrom setzten sich in einem Bürgerauflauf fort, in dem die Heiden die Juden angriffen, viele von ihnen töteten und ihre Synagogen verbrannten. In Reaktion darauf rückte der jüdische Priester Phineas von Jerusalem mit 30000 Mann an und tötete viele Leute der Stadt. Kaiser Caligula (Kaiser von 37–41 n.Chr.) konnte sich das natürlich nicht gefallen lassen und tötete in einer Strafexpedition viele Männer des Phineas. Phineas selbst ließ er enthaupten.

Die Auseinandersetzung konnte, wenigstens vorübergehend, der neue Kaiser Claudius (* 10 v.Chr., † 54 n.Chr.) durch ein Mahnschreiben an die Bewohner von Alexandria und Antiochia schlichten. Beide Parteien wurden jeweils zur Besinnung auf ihre Rechte und Pflichten aufgerufen. Aber der Streit wurde nicht definitiv überwunden, denn bereits 66/67 kam es zu einem erneuten Kampf. In diesen Spannungen breitete sich, aus der jüdischen Gemeinde herauswachsend, die neue Gemeinschaft aus, »die Jünger des Weges Jesu«. Hier in Antiochia war nach Jerusalem die größte Jesusgemeinde und hier wurden die Jünger des Weges zum erstenmal Christianoi – Christen genannt (Apg 11, 26). Hier ist Petrus gewesen, der in dieser Stadt immer als erster Bischof verehrt wurde (vgl. das alte Fest Petri Stuhlfeier zu Antiochia). Der Antiochener Johannes Chrysostomus (* um 344, † 407 n.Chr.) sagt nicht ohne Stolz: »Unser Ruhm ist es, daß in Antiochia die Jünger zum ersten Mal Christen genannt wurden. Den Vorrang genießt keine andere Stadt, nicht einmal Rom. Das ist es, worauf wir stolz sein dürfen, nicht auf die großen Häuser, die langen Säulengänge, die herrlichen Zypressen, den Daphne-Hain, die weite Ausdehnung, die große Einwohnerzahl und die Würde einer Metropole.«

Über die Entstehung und Frühzeit der christlichen Gemeinde von Antiochia haben wir nur eine Quelle zur Verfügung, die obendrein noch sehr knapp gehalten ist, nämlich Apg 11, 19–21: »Bei der Verfolgung, die wegen Stephanus entstanden war, kamen die Versprengten bis nach Phönizien, Zypern und Antiochia; doch verkündeten sie das Wort nur den Juden.

Einige aber von ihnen, die aus Zypern und Zyrene stammten, verkündeten, als sie nach Antiochia kamen, auch den Griechen das Evangelium von Jesus, dem Herrn. Die Hand des Herrn war mit ihnen, und viele wurden gläubig und bekehrten sich zum Herrn.«

In dieser Gemeinde kam es sehr bald zu großen Spannungen zwischen Christen, die aus dem Judentum kamen und denen aus dem Heidentum. Bei den oben angeführten allgemeinen Streitereien in der Stadt zwischen Juden und der anderen Bevölkerung mag das nicht weiter verwundern. Dazu kamen noch interne religiöse Spannungen, denn, obwohl beide Gruppen sich auf den Herrn Jesus, den Christus, gründeten, verlangte die (wohl) größere Gruppe der Judenchristen, daß die aus dem Heidentum kommenden Brüder sich erst der jüdischen Beschneidung unterziehen müßten und ferner, daß sie die Gesetze der Thora akzeptierten (613 Gebote und Verbote und viele minuziöse Vorschriften dazu, z.B. über koscheres Essen, über den Gebrauch von Fleisch nur von geschächteten Tieren, natürlich keinem Schweinefleisch und dergleichen). Immer wieder kam es zwischen beiden Gruppen zu unliebsamen Zwischenfällen, wie dem, den Paulus in Gal 2, 11–14 schildert: »Als Kephas aber nach Antiochia gekommen war, bin ich ihm offen entgegengetreten, weil er sich ins Unrecht gesetzt hatte. Bevor nämlich Leute aus dem Kreis um Jakobus eintrafen, pflegte er zusammen mit den Heiden zu essen. Nach ihrer Ankunft aber zog er sich von den Heiden zurück und trennte sich von ihnen, weil er die Beschnittenen fürchtete. Ebenso unaufrichtig wie er verhielten sich die anderen Juden, so daß auch Barnabas durch ihre Heuchelei verführt wurde. Als ich aber sah, daß sie von der Wahrheit des Evangeliums abwichen, sagte ich zu Kephas in Gegenwart aller: Wenn du als Jude nach Art der Heiden und nicht nach Art der Juden lebst, wie kannst du dann die Heiden zwingen, wie Juden zu leben?«

Antiochia bleibt auch für das frühe Christentum bedeutend. Gegen das Jahr 150 n.Chr. bildeten sich die ersten beiden größeren theologischen Schulen: die von Alexandria und die von Antiochia. Während Alexandria in der Auslegung der Schrift die Allegorese pflegte, zeichneten sich antiochenische Theologen wie Lucian (gestorben 312), Diodor von Tarsus (gestorben 394) sowie Theodor von Mopsuestia (* um 350, † 428) durch die textkritischen Ausgaben der Schrift und wörtliche Auslegung aus. Exegeten unserer Tage würden zweifelsohne ihre Lehrstühle in Antiochia haben und nicht in Alexandria. Auf dem Konzil von Ephesus (431) erlitt die antiochenische Schule in der Person des Patriarchen von Konstantinopel Nestorius (* um 381, † 451) eine Niederlage.

Man weiß heute, daß Nestorius nicht weniger orthodox war als andere Antiochener und daß er geopfert wurde, um die Alexandriner vor einem Gesichtsverlust zu bewahren.

Wo einst die Weltstadt war, die einmal mit Rom wetteiferte, steht heute eine kleine türkische Stadt, dreckig, staubig und heruntergekommen. Kirchlich gesehen sieht es ebenso triste aus. Ein einziger italienischer Kapuziner kümmert sich um einige wenige Christen, die als kaum beachtete Minderheit im großen Heer der Muslime im alten Antiochia leben. Mit G. Faber (Auf den Spuren des Paulus, S. 30) muß man tatsächlich feststellen: »Kaum eine andere antike Stätte enttäuscht den Besucher unserer Tage so sehr wie diese einstige Metropole. Allenfalls beeindruckt, wie sich hier der frühchristliche Liedtext erfüllt hat: Sic transit gloria mundi – so wandelt sich der Ruhm der Welt. Unscheinbare Reste von Gemäuer und Straßen, einbezogen in neuere Bautrakte, ein Stück Stadtmauer auf dem Silpiusberg – das ist alles.« Eine Überraschung ist nur das Museum. Es beherbergt ein halbes Hundert großer römischer Mosaiken in vortrefflichem Zustand aus dem 1. Jh. n. Chr.

Von Antakya aus stand nun eine reichlich schwierige Tour nach Damaskus vor mir. Franz X. Lummer, der Theologiestudent aus Passau, entschloß sich, mich auf diesem schwierigen Weg zu begleiten – jetzt ohne Auto; denn unser Leihauto aus Izmir durften wir nicht über die Grenze mitnehmen.

An die syrische Grenze sind es 38 km. Ab dem türkischen Schlagbaum darf man durch das »Niemandsland« nicht zu Fuß gehen. Wir nehmen ein türkisches Taxi, das uns an das syrische Zollhaus bringt. Dort kümmert man sich zunächst lange überhaupt nicht um uns. Die Grenzer machen Kaffeepause. Viele uns unheimliche Typen schwirren herum, die auch auf eine Abfertigung warten. Es wird uns ziemlich mulmig. Viele Stunden müssen wir auf unser Visum zur Einreise nach Syrien warten. Schließlich ist es so weit. Aber auch vom syrischen Schlagbaum bis zum nächsten Ort dürfen wir nicht zu Fuß gehen. Wir lassen uns ein Taxi kommen. Dieser Taxifahrer läßt es sich nicht nehmen und bringt uns eilfertig und geschäftstüchtig gleich nach Halep, dem alten Aleppo. Was soll man da machen? Auf den Weg durch die syrische Wüste von Halep über Hamaa und Homs bis Damaskus (ca. 300 km) habe ich mich besonders gefreut. Es kam aber alles ganz anders. Kaum waren mein Begleiter und ich in Halep, wurden wir von der Straße weg in einen Bus voll mit Soldaten gedrängt. Ich bin traurig und wehre mich gegen die Maßnahme. Es gab gar keine Zeit, etwas zu erklären. Es gab aber auch kein Zurück. Der Bus fuhr mit uns ab nach Damaskus. Ein Land im Krieg hat eben seine eigenen Gesetze. Die Soldaten waren sehr freundlich zu uns. Sie boten uns im Laufe der Fahrt Tee an, ließen uns mitknabbern an den verschiedenen »Kern-Delikatessen«: Pistazienkerne, Nußkerne aller Art. Schließlich kam dann auch ein Gespräch zustande – in Englisch. In der Nacht erreichten wir Damaskus. Wir wurden nicht weiter festgehalten, sondern konnten uns frei bewegen, wie Touristen sonst auch.

Damaskus

Nun kam die Quartiersuche; es war schließlich schon nach 22.00 Uhr. Alle Hotels, die wir angingen, waren voll besetzt. Erst im sechsten oder siebten, im erstklassigen Hotel Intercontinental, fanden wir eine höchst vornehme Bleibe zum nicht minder noblen Preis von über 100 syrischen Pfund. Drei Tage widmeten wir uns der Besichtigung von Damaskus. Damaskus ist die älteste, bis auf den heutigen Tag dauernd bewohnte Stadt der Erde. Heute die Hauptstadt Syriens, war es vor zweitausend Jahren eine Stadt des arabischen Nabatäerreiches, das König Aretas von seiner Felsenmetropole Petra aus regierte. Damaskus selbst zeigt heute ausgesprochen morgenländisches Gepräge. Seit der Islam im 7. Jahrhundert nach Christus den Nahen Osten erobert hat, sind die Muslime die Hausherren. Die Moschee des Kalifengeschlechts der Omaijaden, die Sultan-Selim-Moschee, die mit Blech und Ziegenhaar-Baldachinen überdachten Basare geben Damaskus ein arabisch-orientalisches Gesicht. Um die Stadt herum ist Wüste. Nach Süden dehnt sie sich, gelb in gelb, bis zu den Golanhöhen hin aus (66 km). Dort in der Wüste hat man sich die Vorgänge vorzustellen, die wir als »die Bekehrung des Paulus« bezeichnen: »Da geschah es, daß ihm plötzlich ein Licht vom Himmel umstrahlte. Er stürzte zu Boden und hörte, wie eine Stimme zu ihm sagte: Saul, Saul, warum verfolgst du mich?« (Apg 9, 1–19; 24, 4–16; 26, 9–18).

Wir gehen an die Stadtmauer im Osten der Stadt und begeben uns »auf die Spuren des Paulus«, in dieser Stadt, die für seinen Weg so wichtig war. Das Osttor ist heute noch so wie zu Zeiten des Paulus: zwei kleinere Tore und in der Mitte ein großes, die ganze Toranlage 17 m breit; ebenso breit ist die Straße, die die »Gerade« heißt und 1,7 km lang durch ganz Damaskus führt. Freilich, die Straße auf der Paulus ging, liegt gut 2 m unter dem heutigen Straßenniveau. Nur am mittleren großen Tor wird jetzt von Archäologen gegraben und die alte Straße freigelegt. An diesem Osttor in Damaskus ist eine Geschichtsmeditation angebracht. Anregung dazu gibt ein Text von P. Bamm (Frühe Stätten der Christenheit, S. 163): »Unzählige Karawanen sind durch dieses Tor gezogen. Sie brachten Seide und Weihrauch, die Kostbarkeiten des Ostens. Sie brachten Sklaven für die Bergwerke und Galeeren, Sklavinnen für die

Harems der Satrapen und Paschas. Diese Steine haben den Karren gesehen mit der Million Goldstücke, mit denen die Damaszener sich von Timur, dem Mongolenkhan, loskauften. Sie haben das Wehklagen der in der Welt berühmten Waffenschmiede der Stadt gehört, die Timur Mann für Mann nach Samarkand und Khorasan verschleppte, um in Sibirien ein neues Rüstungszentrum zu schaffen. Heerführer und Gelehrte, Heilige und Künstler, Mönche und Kaufleute, Beduinen, Sklaven und Reisende aus aller Welt sind durch das Tor von Damaskus aus- und eingegangen.« ... darunter ein Mann, von einem Gefährten an der Hand geführt – Paulus, nach außen erblindet, nach innen singend im Geiste.

Da forderte der Herr den Ananias auf, den erblindeten Saul zu besuchen: »Steh auf und geh zur sogenannten ›Geraden Straße‹ und frage im Haus des Judas nach einem Mann namens Saulus aus Tarsus ... und Ananias nahm ihn zu sich in sein Haus« (Apg 9, 10–19). Das Haus des Ananias ist zumindest dem Platz nach bekannt. Spuren beweisen, daß hier, der Bedeutung des Ananias entsprechend, sich einst eine monumentale Basilika ausbreitete. Sie ist verschwunden. An ihrer Stelle steht eine Kapelle.

Auch große Teile der alten Stadtmauer sind erhalten geblieben. Wir erinnern uns der Szene Apg 9, 25, wo geschildert wird, wie Paulus in einem Korb durch eine Öffnung in der Stadtmauer hinuntergelassen wird und so den Häschern des Königs Aretas entfliehen kann. Die Szene der Flucht ist von der frühchristlichen Kunst oft dargestellt worden. Die bekannteste Wiedergabe finden wir in dem von den Normannen erbauten Dom von Monreale bei Palermo auf Sizilien. Für mich ist der Anblick dieser Stadtmauer und die Begebenheit, wie immer sie vor sich gegangen sein mag, der Anlaß, über Paulus und seine Leiden nachzudenken. Ich lese 2 Kor 11, 26 f.: »Ich war oft auf Reisen, gefährdet durch Flüsse, gefährdet durch Räuber, gefährdet durch das eigene Volk, gefährdet durch Heiden, gefährdet in der Stadt, gefährdet in der Wüste, gefährdet auf dem

Meer, gefährdet durch falsche Brüder. Ich erduldete Mühsal und Plage, durchwachte viele Nächte, ertrug Hunger und Durst, häufiges Fasten, Kälte und Blöße.«

Ich bin auf den Spuren des Paulus gegangen, habe die Stätten gesehen, wo er gewirkt hat, habe die Wege zu Fuß zurückgelegt, die auch er zurücklegen mußte von einer Stadt in die andere, über schneebedeckte Berge, durch Steppen, auf Straßen entlang dem Mittelmeer, aber auch durch Schluchten der Gebirge. Ein gut Teil dieser Leiden, Strapazen, Mühen kann ich mir nun aus eigener Erfahrung vorstellen: Hitze bis 35 Grad, die endlos geraden Straßen, Kälte bei Nacht, Durst in den menschenleeren Steppengegenden, geschlagen im Gefängnis, Gefahren durch politische Mächte und Gewalten, schlechteste, verlauste Quartiere. Mit A. Deissmann (Paulus, S. VIf.) muß ich aber auch für mich feststellen: »Neben den zum Abendländer und Scholastiker gemachten Paulus, neben den aristokratisierten, stilisierten und modernisierten Paulus, der in dem papierenen Kerker des ›Paulinismus‹ in seiner achten Gefangenschaft schmachtet, sei denn der Paulus gestellt, den ich in Tarsus, Jerusalem und Damaskus, in Antiochien, Lykaonien, Galatien, Ephesus und Korinth glaube gesehen zu haben, und dessen Worte mir auf dem nächtlichen Deck der Levanteschiffe und unter dem Flügelrauschen der dem Taurus zubrausenden Wandervögel lebendig geworden sind in ihrer leidenschaftlichen Bewegtheit, ihrer volkstümlichen Wucht und prophetischen Tiefe: der Jude, der in den Tagen der Cäsaren die Luft des Mittelmeers geatmet und das selbstverdiente Brot des Handarbeiters gegessen hat; der Missionar, dessen schwerer Schatten auf das in grellster Mittagsglut flimmernde Marmorpflaster der antiken Großstadt gefallen ist.«

Es war Gründonnerstag (27.3.), und wir beschlossen über den Karfreitag bis zur Osternachtfeier in Damaskus zu bleiben. Die Feier der Ostertage hier wurden für uns ein ganz großes Erlebnis. Nach der Osternachtfeier, die um 20 Uhr begann und bis 2 Uhr Früh dauerte, gingen wir durch die »Gerade Straße«

hinaus vor die Stadt, wo unser Quartier lag. Es war unheimlich, durch die ganz verdunkelte Altstadt zu gehen, und man mußte schon seinen ganzen Mut aufbringen, um nicht das Fürchten zu bekommen; schließlich ist Syrien ein Land im Kriegszustand.

Es war abgesprochen, daß mein Begleiter nur bis Damaskus mit mir gehen, dann im Bus nach Antakya zurück, von dort mit dem Leihauto nach Izmir zurückfahren und schließlich mit der türkischen Fluggesellschaft »Türk Hava Yolları« nach München heimfliegen solle.

Angesichts der brenzligen politischen Lage – in Saudi-Arabien wurde König Feisal ermordet, die Stadt Damaskus war ein einziges Heerlager, ein neuer Krieg gegen Israel schien bevorzustehen – entschloß auch ich mich, meine Unternehmung hier abzubrechen. Mit meinem Begleiter fuhr ich also mit dem Bus zurück nach Halep; von dort aus mit einem Taxi an die türkische Grenze und nach der schnellen Abfertigung nach Antakya, wo unser Leihwagen aus Izmir stand. Wir fuhren über Mersin, Antalia, Isparta, Pamukkale, Denizli zurück nach Izmir. Am 3. April bestiegen wir dann das Flugzeug und flogen über Istanbul zurück nach München.

Ich selbst gab mir aber am Osttor von Damaskus das Versprechen, daß ich im nächsten Jahr wiederkommen und den allerletzten Teil Damaskus–Jerusalem zu Fuß zurücklegen würde.

Der Weg von Damaskus über die Golanhöhen nach Jerusalem

Am Mittwoch, den 7. April 1976, in der Woche vor der Karwoche, fliege ich von München aus mit der Syrian Airlines nach Damaskus. Ich besuche dort die mir bereits vertrauten Stätten.

Den Weg von Damaskus nach Jerusalem möchte ich allein zurücklegen. Schließlich will ich den Weg über die Golanhöhen nehmen und dabei die Grenze von Syrien und Israel bei El Qunaïtra passieren, eine Grenze, die heutzutage als unüberschreitbar gilt. Mir gelingt das schließlich mit Hilfe eines kanadischen UNO-Offiziers.

Am Samstag, den 10. April um 6.00 Uhr früh, trafen wir uns am Damaskustor. Er fuhr mit mir und zwei anderen UNO-Soldaten im Jeep auf einer der Wüstenpisten in Richtung Golanhöhen – Berg Hermon. Dort wußte der UNO-Mann offensichtlich einen »schwachen Punkt«, und tatsächlich klappte der (illegale) Grenzübergang, und ich fand mich auf israelischer Seite wieder bei UNO-Leuten, die, wie ich glaube, persischer Herkunft waren. Bevor mich die richtig fassen konnten, kamen schon israelische Soldaten und nahmen mich fest. Mit finsteren Mienen nahm mich ein Offizier ins Kreuzfeuer eines Verhörs. Erst als ich einige Namen von mir bekannten Leuten in Israel angeben konnte und er mit einigen davon telefoniert hatte, wurde mein Gegenüber etwas freundlicher.

Beim letzten Anruf, der nach Haifa ging, wurde er vollends heiter, und schmunzelnd ließ er mich dann passieren. Später fragte ich meinen Bekannten in Haifa, was er dem Offizier gesagt habe, denn auf sein Wort hin ließ man mich ja schließlich gehen. Er sagte: »Ich habe ihm gesagt, daß wir uns gut kennen, daß ich auch schon zu Besuch in Deutschland bei Dir war; und ich sagte ihm auch: der ist nicht gefährlich, aber leicht ...!« (Ihm hat mein Weg zu Fuß nach Jerusalem nie ganz eingeleuchtet.)

Ein unbeschreibliches Glück erfaßte mich, als ich auf den Golanhöhen hinter El Qunaitra auf der israelitischen Seite stand. Jetzt war der Weg frei nach Jerusalem: noch 5 Tage (240 km).

Ein neues Abenteuer kam noch am Abend dieses Tages auf mich zu. Die Drusendörfer auf dem Golan sind fast ganz verlassen; nirgends eine Möglichkeit zum Übernachten. Kurz entschlossen gehe ich auf eines der Nomadenzelte zu, die ich an den Abhängen zum Berg Hermon hin sehe, und sage: »Laßt mich um Allah's willen euer Gast sein!« Mit Willkommensgrüßen werde ich eingelassen, es wird mir zum Zeichen der Gastfreundschaft Salz gereicht. Nach der Hände- und Fußwa-

Die Drusendörfer auf dem Golan sind fast verlassen. Einzige sichere Übernachtungsmöglichkeit gibt es nur im Beduinenzelt

Tiere der Beduinen grasen friedlich im unfriedlichen Golangebiet

Aufgehende Sonne am See Genesareth

Der See Genesareth (im Hintergrund das galiläische Land)

Die Kirche der Seligpreisung mit Blick über den weiten See Genesareth

Fischerboote in einer Bucht des Sees bei Tiberias

Die Wüste Juda von Jericho her gesehen gegen Jerusalem

*Inmitten
der Wüste das Wunder
einer Blume*

schung, die der Familienälteste vornimmt, muß ich Platz nehmen in der Runde der Männer. Zur Abendmahlzeit gibt es Lammfleisch; wir essen alle mit den Fingern. Die Unterhaltung geht in sehr stockerigem Französisch.

Am nächsten Tag (Palmsonntag, 11.4.) regnet es in Strömen. Nichts sehe ich vom Berg Hermon. Sehr schade. Der Weg führt jetzt – durch die verschiedenen Verteidigungsriegel der Israelis hindurch – hinunter nach Rosh Pinna am Jordan. Die Straße, auf der ich gehe, folgt der uralten Via Maris, die von Damaskus hier über den Jordan führt, hinunter nach Ägypten oder hinaus zu den Häfen am Meer, mit Verbindungen nach Italien, Spanien, Nordafrika. Beherrschend an dieser wichtigen Karawanenstraße lag die Festung Hazor. Die Geschichte von Hazor geht weit in die vorisraelitische Zeit zurück. Zur Zeit der Landnahme durch die Israeliten zogen sich die Kanaaniter auf diese Festung als letztes Bollwerk zurück. In Jos 11, 10.11 heißt es: »Dann brach Josua auf und eroberte die Stadt Hazor; ihren König erschlug er mit dem Schwert. Hazor hatte früher die Oberherrschaft über alle jene Königreiche. Die Israeliten erschlugen alles, was in der Stadt lebte, mit scharfem Schwert und weihten es dem Untergang, so daß nichts übrigblieb; die Stadt selber aber steckte er in Brand.«

Seit 1955 haben die Archäologen unter Yigael Yadin das alte Hazór wieder ausgegraben. Schicht um Schicht deckten sie auf. Hier fanden sie auch zwei der ältesten Zeugnisse unserer Geschichte, zwei Briefe, noch in der Sinai-Schrift verfaßt, dem Ur-Alphabet, aus dem sich später das Hebräische entwickelte und viel später das Lateinische (vgl. dazu: Yigael Yadin, Hazor, Jerusalem 1976). Viele der Ausgrabungsfunde sind im Kibbuz Ayyelet Ha Shahar ausgestellt.

Im Gästehaus dieses Kibbuz finde ich auch eine Bleibe für die Nacht.

Am Montag, 12.4., gehe ich erst nach dem Mittagessen – es war noch viel anzuschauen – weiter in Richtung Rosh Pinna zum See Genesareth.

12 km sind es von Rosh Pinna nach Chorazin (Mt 11, 20–21). Von hier sehe ich zum erstenmal auf den See Genesareth in seiner ganzen Ausdehnung, der Form nach wie eine Harfe gestaltet, so daß er im Neu-Hebräischen heute den Namen Kinnereth (= »Harfe«) hat.

Das ist also das Galiläische Meer, das »Gott sich selbst zur Lust erschuf«! Eine alte jüdische Legende erzählt, daß Gott, nachdem er die sieben Weltmeere geschaffen hatte, das Galiläische Meer zu seiner eigenen Lust schuf. Wenn man aus den steppen- und wüstenähnlichen Gebieten des Golans herabkommt und diesen See erblickt, mag man dieser liebenswürdigen Legende glauben. 3 km sind es nur mehr bis hinunter nach Kafarnaum. Das ganze hügelige Land ist eine einzige Basaltwildnis, die von riesigen Felsblöcken durchsetzt ist. Wenn es bei Mk 1, 35 und Lk 4, 42 heißt, daß Jesus von Kafarnaum aus in eine wüste Stätte hinausging, um dort zu beten, so darf man annehmen, daß die Evangelisten diese öde Gegend nördlich von Kafarnaum gemeint haben. Freilich jetzt im Frühjahr blühte diese Öde. Überall stehen weißblühende Ginstersträucher, dazwischen sind ganze Felder von hohen Lupinen, von rötlich blühenden Anemonen, versteckt darunter Alpenveilchen, schwarzviolette Iriden und überall die Blüten des Riesenfenchel, bis zu 2 m hoch. In vielen Serpentinen ging es hinunter zum See.

Erst führte mich der Weg nach Kafarnaum. Von der einst dicht besiedelten und bedeutenden Stadt ist heute außer einem kleinen Franziskanerkloster und ein paar Ruinen nichts mehr vorhanden. Berühmt sind die Überreste der Synagoge, die etwa 200 n. Chr. an dem Platz errichtet wurde, wo die Synagoge gestanden ist, in der Jesus lehrte. Hier werden die Ausgrabungen, wenn sie einmal abgeschlossen sind, vielleicht noch erstaunliche Dinge an den Tag bringen.

Es ist sehr spät geworden und stockfinster. Unvergeßlich ist mir die Groteske der Geschichte: Während ich im originären »Jesus-Land« in friedlichsten Gedanken gehe, erfahre ich die rauhe Wirklichkeit des modernen Staates Israel: In schier endloser Kolonne bringen modernste Lastzüge Panzer von der ägyptischen Front, die sich gerade etwas entspannt hat, auf eben diesen Serpentinen – laut dröhnend – hinauf ins neue Krisengebiet: Libanon. Ein Einmarsch dort wird alle Tage erwartet.

Zu so später Stunde wage ich es nicht mehr im Studentenhaus der Benediktiner in Tagba anzuklopfen und um Quartier zu bitten. Kurz entschlossen lege ich mich direkt am See Genesareth unter einen Eukalyptusbaum und versuche unter dem stetigen und eintönigen Anschlagen der Wellen des Sees einzuschlafen. Zu viele Gedanken gehen mir aber durch den Kopf, und es wird eine kurze, fast schlaflose, aber schöne Nacht.

Es ist Dienstag, der 13. April.

Beim Aufgehen der Sonne über den Golanhöhen schwimme ich den See hinaus, weit und lange.

Der See Genesareth

Jesus liebte den See. Er muß zu seiner Zeit ein Paradies gewesen sein – wie vielleicht heute um den Kibbuz Ginnosar herum.

Hier stehen australische Eukalyptusbäume, Bananen- und Rizinusstauden, Sodomapfelbäume, die sonst nur in der brütenden Hitze am Toten Meer in En Gedi und Sodom wachsen. Palmen mit langen breiten Wedeln, Zitronen- und Orangenhaine gedeihen in unvorstellbarer Üppigkeit. Aus den Orangenplantagen dringt um diese Jahreszeit ein betörend feiner Duft. Zu allem dazu wachsen überall auf freien Stellen am See und die Hänge hinauf große, wohlriechende Blumen: Mohn und Flieder und Nelken und viele Kressearten.

Der See Genesareth spielt in der Geschichte Jesu eine große Rolle. Hier lagen die wichtigen Städte Chorazin, Kafarnaum, Bethsaida, Magdala und andere, in denen Jesus seine Wirksamkeit entfaltet hat. Man muß die Jesusgeschichten, die am oder auf dem See Genesareth lokalisiert sind, bedenken: die Berufung der ersten Jünger, Mk 1, 16–20, die Geschichte vom wunderbaren Fischfang des Petrus, Lk 5, 1–11, die Stillung des Sturmes, Mt 8, 23–27, das Seewandeln Jesu, der im Glauben schwankende Petrus, Mt 14, 22–23 und schließlich die Erscheinung des Auferstandenen, Joh 21, 1–14.

Für den weiteren Tag habe ich folgendes Programm: entlanggehen am See Genesareth. Wie viele Heilig-Land-Pilger würden sich das wünschen, einen Tag lang (oder mehrere) ganz für sich an diesem See sich aufhalten zu dürfen!

Tiberias

Ich komme nach Tiberias. Ich bin neugierig auf diese Stadt; denn die Perle aller den See umsäumenden Städte war zu Zeiten Jesu Tiberias. Herodes Antipas (Regierungszeit 4 v. Chr.–39 n. Chr.) hat diese Stadt erbaut: Eine prächtige Stadt, deren Paläste und öffentliche Gebäude mit Säulen und Marmor geschmückt waren.

Oberhalb der Stadt auf einem Hügel stand des Herodes eigener Palast mit farbenprächtigen Goldmosaiken ausgelegt und die Wände mit herrlichen Fresken bemalt. Die Stadt selbst galt für fromme Juden als unrein, denn sie war über einem Friedhof errichtet worden, und die Häuser standen auf den Gräbern der Toten. Kein wirklich guter Jude betrat infolgedessen die Stadt, und wir können mit einiger Sicherheit annehmen, daß auch Jesus es nicht tat.

Ich war gegen Mittag in Tiberias. Am See gegenüber liegt der Kibbuz En Gev, gerühmt wegen der guten Fischgaststätte, wo es echten Petrusfisch, vorzüglich gegrillt, gibt. Ich entschließe mich, mit einem Boot über den See zu fahren. Der Fisch schmeckt hervorragend, und noch größer ist die Freude, daß ich dort eine ganze Gruppe Pilger aus Regensburg antreffe zusammen mit Prof. Heinrich Groß, dem Alttestamentler der Universität Regensburg. Am Nachmittag gehe ich dann am See entlang durch Dattelpalmenhaine, an Orangenplantagen und riesigen Weizenfeldern vorbei bis Deganya, dort, wo der

Jordan wieder aus dem See herausfließt und seinen Lauf südwärts durch das Jordantal nimmt bis ins Tote Meer – 394 m unter dem Meeresspiegel. Zu lange habe ich mich am See Genesareth wohl aufgehalten. Die Sonne geht schon bald unter, und ich habe noch 26 km zu gehen, am Jordan an der jordanischen Grenze entlang in die nächste größere Stadt Bet She'an. Es wird finster. Plötzlich höre ich hinter mir hastige Schritte. Ein junger israelischer Soldat holt mich ein. Ich bin gespannt, was sich jetzt tun wird. Der junge Soldat sagt nur zu mir, ob es mir recht sei, wenn er mit mir ginge, und er sagt: I am without gun. I am very scared (Ich bin ohne Gewehr und ich fürchte mich). Ich bin sehr erstaunt und sage ihm: Go on, I am without scare (Geh mit, ich habe keine Angst). Es war die Strecke, wo vor einiger Zeit eine Schar arabischer Terroristen über den Jordan vordrangen und in Bet She'an ein Haus in die Luft sprengten – 16 Tote.

Es ist bereits Nacht, als wir in Bet She'an ankommen. In einer Bar am Omnibus-Bahnhof übernachte ich auf einigen Stühlen liegend. Von Bet She'an über Nablus nach Jerusalem zu gehen, wurde mir abgeraten. Es waren in diesen Tagen dort gerade starke Unruhen der Araber gegen die israelischen Besatzer. Ich entschließe mich, den weiteren Weg durch das Jordantal zu nehmen, 90 km nach Jericho, und von dort hinauf nach Jerusalem, 36 km.

Der Marsch von Bet She'an am Jordan entlang nach Jerusalem war von vornherein ein gewagtes Unternehmen. Überall heißt es, Autos sollten stets im Konvoi fahren, und natürlich gab es viele Straßensperren, d.h. Kontrollstellen. Mich ließ man den ganzen Tag unbehelligt laufen; niemand kontrollierte mich. Durch einen großen Fehler meinerseits wurde dieser Tag »ein Tag der Leiden«. Ich nahm kein Wasser mit auf den Weg, in der Meinung: wenn dich dürstet, gehst du zum Jordan und trinkst von diesem frischen Wasser. Der Jordan verläuft aber stellenweise bis zu 8 km von der neuangelegten Jordanstraße entfernt. Dort, wo der Jordan wirklich nahe an die Straße herankommt, ist dann zwischen Straße und Jordan ein dichter Stacheldraht. Sogar wenn an den Grenzen nicht geschossen wird, wie zur Zeit, ist das Leben der israelischen Soldaten und Grenzbewohner gefährdet. In diesem Gebiet liegen Tausende von Minen zum Schutz der Grenzen. Viele dieser Minen sind selbst in Generalstabskarten nicht genau eingezeichnet, zudem sind viele bei heftigen Regengüssen verschwemmt worden und so ein stetes Risiko auf Schritt und Tritt.

Am Abend kommt eine neue Schwierigkeit auf mich zu: Wo ein Quartier finden? Nirgends ist ein Haus oder eine Siedlung. Wehrdörfer der Israelis mag ich nicht betreten; ich habe Sorge, daß man mich festhält und mir vom Weitergehen abrät. Kurzentschlossen gehe ich – etwa 20 km noch von Jericho entfernt – auf einiges Gestrüpp in dieser Wüstenei zu und lege mich unter einen Lebensbaum, eine Staude, die sehr schnell wächst, in etwa wie unser Bärlapp, aber bis zu 2 und 3 m hoch. Die Nacht ist unwahrscheinlich klar. Gedanken an die Großen des auserwählten Volkes Israel bewegen mich. Jenseits vom Jordan, auf den Bergen Moabs (nur 30 km entfernt) war Moses und durfte noch einen Blick ins Gelobte Land werfen, ehe er starb. Abraham zog durch diese Gegend, und schließlich oft und oft die Wallfahrer aus Galiläa, wenn sie »der Festsitte gemäß« hinaufzogen nach Jerusalem.

Die Wüste lebt in der Nacht. Wüstenfüchse pirschen an meinem Lager vorbei. Ein Wüstenhase beschnuppert mich und kann sich nicht genug tun über diesen Menschen hier draußen. Wüste kann man am besten erfahren am ganz späten Abend, wenn er sehr abrupt in die Nacht übergeht, und in der Nacht selbst. H. Kirchhoff sagt zu Recht (Ursymbole, S. 56): »Wer will Abraham verstehen ohne die Wüste? Oder das Volk Israel? Oder Jesus? Die Wüste ist es, die der Botschaft des Alten und Neuen Testamentes Tiefe gibt, existentielle Tiefe, Blut, Farbe.«

Schon gegen 4 Uhr gehe ich von meiner »Bleibe« weg. Es ist empfindlich kalt geworden in der Nacht. Ich zittere am ganzen Leibe wie Espenlaub. Endlich gegen 6 Uhr morgens bin ich in

Jericho. Es gibt Wasser an der Elischa-Quelle. Ich trinke in vollen Zügen. Vergelt's Gott fürs Wasser!

Dieses Wasser ist nach 2 Kön 2, 19–22 vom Propheten Elischa, der in und um Jericho wirkte, einstmals entgiftet worden. Es heißt: »Die Männer der Stadt sagten zu Elischa: Unser Herr sieht, daß man in dieser Stadt gut wohnen kann; nur das Wasser ist ungesund, und in der Gegend gibt es viele Fehlgeburten. Elischa befahl: Bringt mir eine neue Schüssel, und schüttet Salz hinein! Man brachte sie ihm, und er ging zur Wasserquelle und warf das Salz hinein mit den Worten: So spricht der Herr: Ich mache dieses Wasser gesund. Es wird keinen Tod und keine Fehlgeburt mehr verursachen. Daher ist das Wasser bis zum heutigen Tag gesund, wie es Elischa vorausgesagt hatte.«

Was Wasser ist und sein kann – nur selten wird es erfahren. Wasser haben wir Mitteleuropäer in Fülle, ohne Anstrengung, wo und wann immer wir es wollen. J. Schneider (in: H. Kirchhoff, Ursymbole, S. 89) sagt zu Recht: »Wir brauchen die Kontrasterfahrung der Trockenheit, der Dürre und des Durstes, um wieder auf den Geschmack zu kommen.« Ich fühle mich an die Worte von Antoine de Saint-Exupéry erinnert, der am Rande des Verdurstens nach einem Flugzeugabsturz in der Wüste von einem Beduinen zu trinken bekam: »Wasser, du hast weder Geschmack, noch Farbe, noch Aroma. Man kann dich nicht beschreiben. Man schmeckt dich, ohne dich zu kennen. Es ist nicht so, daß man dich zum Leben braucht: du selber bist das Leben« (Wind, Sand und Sterne, Düsseldorf 1982, S. 165).

Jericho

Jericho ist die älteste Stadt der Welt (freilich in manchen Perioden nicht bewohnt); sie geht bis ins 7. Jahrtausend zurück. Kathleen Kenyon (Direktorin der British School of Archaeology) war die Archäologin, die dieses älteste Jericho 1952 ausgegraben hat.

Der Hügel Tell-es-Sultan liegt zehn Kilometer nordwestlich

der Mündung des Jordan in das Tote Meer. In diesem Tell liegt das alte Jericho begraben.« »Genaugenommen enthielt jener Hügel mehrere Städte, besser gesagt Stadtbildungen; denn anhand der Ausgrabungen erwies sich, daß nach einer Zerstörung die neue Stadt jeweils auf den Ruinen der früheren Ansiedlung wiederaufgebaut wurde« (H. Einsle, Das Abenteuer der biblischen Forschung, S. 139). In Jericho ist auch ein turmartiger Bau freigelegt worden, das älteste von Menschenhänden gemachte Bauwerk, das bis jetzt von Archäologen entdeckt worden ist. Es muß in der Zeit um 7000 v. Chr. entstanden sein – 4000 Jahre vor den ägyptischen Pyramiden! »Das Fundament dieses Turmes besaß einen Durchmesser von neun Metern und er ist so sorgfältig aus Natursteinen gefügt, daß er noch heute wie eine Trutzburg aus dem Mittelalter wirkt« (ebd., S. 142 f.). Erst in einer späteren Zeit wurden Bauten aufgeführt, die von Mauern umgeben waren. Auch diese Mauern sind freigelegt worden. Sie haben an der Basis eine Dicke von zwei Metern. Ich erinnere mich an die Erzählung über die Eroberung der Stadt in Jos 6, 1–21 ([20] »Darauf erhob das Volk das Kriegsgeschrei, und die Widderhörner wurden geblasen. Als das Volk den Hörnerschall hörte, brach es in lautes Kriegsgeschrei aus. Die Stadtmauer stürzte in sich zusammen, und das Volk stieg in die Stadt hinein, jeder an der nächstbesten Stelle. So eroberten sie die Stadt.«) und an die Begebenheit mit der Dirne Rahab (Jos 2, 1–24; 6, 17.22–25), die das Mt-Evangelium im Stammbaum Jesu nennt.

Die Archäologie bestätigt, daß die Mauern zerstört wurden, jedoch wohl infolge eines schweren Erdbebens, das in der Zeit zwischen 1450–1400 v. Chr. in dieser Region war.

Mich berührt mehr die spätere biblische Zeit – die Zeit Jesu. Hier war der Blinde von Jericho geheilt worden (Lk 18, 35–43), hier ereignete sich die Geschichte mit dem Oberzöllner Zachäus (Lk 19, 8–10). Von hier aus schickte sich Jesus an zu seinem letzten Gang hinauf nach Jerusalem.

Die uralte Straße von Jericho nach Jerusalem (36 km), auf

der auch Jesus ging, führt hinauf durch das Wadi Quilt: eine öde Landschaft, eine enge Felsschlucht; rote Felsen, die steil, oft senkrecht abfallen, wie in einem Canyon. Ein glutheißer Wind (Hamsin) weht von der jordanischen Wüste herüber. Es hat wohl 45 Grad. Der Weg steigt dauernd, schließlich liegt Jericho 388 m unter dem Meeresspiegel, Jerusalem liegt aber 780 m hoch oben in den Bergen Judäas. Es ist eine einsame und wüste Gegend. Eine bescheidene Vegetation tritt nur im Frühjahr nach Regenfällen auf. Zu den anderen Zeiten des Jahres fristen nur einige Tamarisken oder Dornsträucher, die vom spärlichen Tau ihren Feuchtigkeitsbedarf stillen können, ihr kümmerliches Dasein.

Felix Lackner, ein Bauer von Oberbergkirchen, der 1872 eine Jerusalem-Reise machte und einen sehr plastischen Reisebericht schrieb (in seinem Vorwort bittet er für sich mit seinen Fehlern Geduld zu haben; er sei kein Schreiber, denn »dazu hatte ich nie eine Zeit und bin schon bald 50 Jahr aus der Schule entlassen«) sieht diese Gegend so: »Die Gegend wurde so einsam, nichts als Felsengebirg, kein Vogel und auch sonst kein Tier läßt sich sehen« (S. 27), »und dazu ein so schlechter Weg, das ich mir dachte wie vil werden da zu Grunde gehen, man hat oft nur einen Weg zum Reitten, etwa eine Spanne breit, und zu dem wie tif hinab, in den felsigen Abgrund, da dacht ich mir wen einer hinab fehlt, so missen aus dem Pfert und dem Mann ville Stike werden, man kan keinen mehr herauf hollen.« (S. 29)

In diesem Wadi Quilt stößt man auf einen munter sprudelnden Bach. Schon in herodianischer Zeit, dann wieder von den Türken vor 400 Jahren, ist dieser Bach kanalisiert worden, um das Wasser der zahlreichen Quellen im oberen Teil des Wadi für die Bewässerung der Plantagen von Jericho nutzbar zu machen. Unweit der Einmündung des Wadi Quilt-Baches in den Jordangraben liegt das St. Georgskloster. Das Kloster wurde im neunzehnten Jahrhundert auf den Ruinen eines Klosterbaus aus dem sechsten Jahrhundert errichtet. Nur noch wenige

Mönche leben dort. In der Nähe des Klosters, an den steilen Felshängen, haben zahlreiche Einsiedler ihre Klausen erbaut. Auch sie sind heute meist verlassen.

Gegen Mittag zu, in der größten Hitze, erreiche ich Bethanien, heute El Azariye, ein Dorf mit fünfhundert arabischen Einwohnern; hier war Jesus öfter zu Gast bei Lazarus, Maria und Martha. Von dort gehe ich dann den jahrtausendealten Weg hinauf zum Ölberg. Jesus ist hier mit den Seinen gegangen. Ich bin tief bewegt. Ich kann kaum die letzte Anhöhe erwarten, den Ölberg, wo man einen ersten Blick hat auf Jerusalem. Endlich bin ich am Ölberg. Ich sehe durch die Ölbäume hindurch Jerusalem.

Jerusalem

Durch die vielen Jahrhunderte sind Pilger nach den mühsamen Wegen ins Heilige Land ergriffen vor diesem das Herz bewegenden Anblick gestanden. Der Bauer Felix Lackner beschreibt seine Gefühle beim Anblick Jerusalems so: »Ich konte es fast nicht Glauben, das ich jetzt Jerusalem sehen solte, mir war es immer als wen es ein Traum wärre, und doch, es war wirklich, auf einen Berge angekommen, da sahen wir Jerusalem schon vor unsern Augen liegen, eilents stigen wir vom Pferte, fillen auf den Boden, küsten die Erde, und bethen aus inigsten Herzen, den das ist das verlangte ziel, warum wir eine so weite Reise unter nomen haten und nun wurde bettent in die Hl. Stadt gegangen.«

Herzog Christoph von Bayern, Sohn Albrechts III. (* 6. Jan. 1449, † 15. Aug. 1493) schreibt am 27. Juni 1493 in sein Tagebuch: »Da wir die hochheilige Stadt im Angesichte hatten, war sehr grosse Rührung in jedwedem, also dass wir als rechte Christgläubige niederknieten und des Dankes voll waren. Und könnte ich das keinem beschreiben, wie mir zu Muthe war vor so viel Gnade Gottes, dass ich das erschauen durfte. Kam mir auch wohl in den Sinn, wie ich da allein solche Seligkeit erlebte und wenn das meine Brüder sehen könnten! Das ist mir allein beschieden durch Gottes unglaubliche Gnade!« (R. Röhricht, Deutsche Pilgerreisen nach dem Heiligen Lande, S. 18 f.; vgl. S. 177–179.)

Alle Mühsale, alle Strapazen, alle Gefahren sind vergessen. Ich sitze am Ölberg und schaue auf Jerusalem. Große Freude ist in mir.

Ich singe den Ps 122, 1–3, den wohl auch Jesus gesungen hat bei seinen Wallfahrten nach Jerusalem:

> »*Voll Freude war ich, da sie mir sagten:*
> *zum Hause des Herrn wollen wir ziehen!*
> *So stehen denn unsere Füße*
> *in deinen Toren, Jerusalem.*
> *Jerusalem, das man als Stadt erbaut*
> *herrlich in sich gefügt von allen Seiten.*«

Ich singe auch die anderen uralten Wallfahrtslieder, die die Frommen Israels sangen, wenn sie nach Jerusalem pilgerten: Ps 120–134.

Dann sammle ich meine Gedanken auf die uralte Stadt, durch die soviel Geschichte geströmt ist:

Schon Plinius d. Ä. (* 23/24, † 79 n. Chr.) nennt diese Stadt (Hist. Nat. 5, 15, 70) »Longe clarissima urbium orientis« – »die bei weitem berühmteste Stadt im Orient«, mit dem beachtlichen Zusatz: »non Judaeae modo« – »nicht nur Judäas«.

Der Ruhm der Stadt, als Plinius von ihm schrieb, war bereits tausend Jahre alt, geknüpft an den Sitz des jüdischen Königtums und den von Liedern und Legenden umwobenen, von Opfern rauchenden und von Pilgern wimmelnden Tempel.

Jerusalem ist das Ziel der Pilger aus drei Religionen: dem Judentum, dem Christentum und dem Islam. Für das Judentum wurde Jerusalem Mittelpunkt seit den Zeiten König Davids (1000–961 v. Chr.), als die Bundeslade von Silo hierher gebracht wurde. König Davids Sohn Salomo (961–922) erbaute dann den ersten Tempel, dessen Grundmauern bis heute bestehen (ein Teil davon ist die Klagemauer). Dreimal im Jahr zogen die frommen Israeliten zum Tempelberg in Jerusalem, zum Pessach-Fest (Ex 12, 1–13, 16), zum Wochenfest (Dtn 16, 9–12), zum Laubhüttenfest (Dtn 16, 13–15). Gesetzestreue Juden, die von Jerusalem weiter weg wohnten, waren gehalten, wenigstens zum Pessach-Fest zum zentralen Heiligtum zu kommen. Die Juden in der Diaspora waren verpflichtet, wenigstens einmal im Leben nach Jerusalem zu pilgern.

Der Salomonische Tempel wurde 597 v. Chr. zerstört, 520 v. Chr. in bescheidenem Maß wieder aufgebaut und erst durch Herodes d. Großen um 20 v. Chr. umgebaut im Stil der Tempelbauten von Baalbek. Im Jahre 70 n. Chr. wurde der Tempel von den Römern zerstört und nicht mehr aufgebaut. Seit der Eroberung der Stadt Jerusalem durch die Araber 638 n. Chr. durften dann die Juden den Tempelplatz nicht mehr betreten – eine Regelung, die bis heute gilt. Der Felsendom wurde, als Moschee, 685–705 n. Chr. erbaut. Auf dem Tempelplatz steht auch die 705–715 erbaute Al-Aksa-Moschee, eine siebenschiffige, 60 m lange, 60 m breite Basilika. Für das Christentum gibt es in dieser Stadt mehrere Orte, die in Verbindung mit dem Leben und Wirken Jesu von Nazareth stehen: den Tempelplatz, die Davidsstadt, den Ölberg, die Grabeskirche. Das alles liegt vor meinen Augen; vieles, was ich über Jerusalem gelesen und gelernt habe, geht mir durch den Kopf.

Meinen Weg von Damaskus hatte ich zum Glück so einteilen können, daß ich am Gründonnerstag gegen Nachmittag in Jerusalem ankomme. Es ist also Gründonnerstag, 4 Uhr nachmittags. Eine eigenartige bleierne Stimmung liegt jetzt über Jerusalem. Ganze Wolken von Sand, die der heiße Glutwind aus den Wüsten des Ostens herantreibt, verdüstern die Sonne. Sie hängt wie ein großer dunkelroter Ball über der Stadt. Die Straßenbeleuchtung wird sogar angemacht – jetzt gegen 5 Uhr abends! Ich kann mir nun vorstellen, daß es das auch zu der Todesstunde Jesus gegeben haben mag: »... und eine Finsternis wurde im ganzen Lande.« Nun war es aber Zeit, den Ölberg herabzusteigen und durch das Stephanstor die Altstadt zu betreten. Natürlich denke ich an die Passionsgeschichte, die ich von Kind an in der Karwoche gehört hatte. Es ist, als ob ich den Weg Jesu in seinen letzten Jerusalemer Tagen ginge.

Durch die Via Dolorosa gehe ich langsam zur Grabeskirche. Dann nehme ich den Weg zum Jaffator, verlasse den Mauerring der Altstadt und suche mein Quartier im Gästehaus des Y.M.C.A. (Young Men's Christian Association).

Karfreitag, 15. April. Am Karfreitag bewegt sich ein nicht abreißender Strom von Menschen durch die Via Dolorosa hinauf zur Grabeskirche. Der offizielle Kreuzweg der Kapuziner dauert allein 3 Stunden. Bewegende Szenen der Frömmigkeit und Innerlichkeit und das Erlebnis der einen Gemeinde um Jesus Christus. Denn alle gehen sie den Kreuzweg des Herrn: die Katholiken, Protestanten, Reformierten, von der englischen Hochkirche, der niederländischen reformierten Kirche, Baptisten und andere kirchliche Gruppen. Ich selbst gerate im Gedränge zufällig wieder zu der bayerischen Wallfahrergruppe aus Regensburg. Vertraute Gebete und Gesänge!

Der Abschluß des Kreuzweges ist der Einzug in die Grabeskirche, die an der Stelle gebaut ist, wo Jesus gekreuzigt und begraben wurde; dieses Golgotha lag zu Zeiten Jesu auf einem Hügel vor der Stadtmauer draußen (Mk 15, 22). Der Platz mußte außerhalb der Stadtmauer liegen, denn nichts Unheiliges sollte in der Stadt sein (Jesus galt nach Dtn 21, 22–23 als ein von Gott Fallengelassener, ein Verfluchter).

In der Grabeskirche, gleich rechts vom Eingang, geht man zur Kalvarienkapelle hinauf zu der Stelle, die als Kreuzigungsstätte verehrt wird. Die Pilger knien hier nieder und berühren den Fels, auf dem das Kreuz in den Boden gerammt war. Ich selbst bleibe am Karfreitag an diesem Ort in Meditation bis in die Abendstunden hinein.

Nach Joh 19, 41f lag ganz in der Nähe der Hinrichtungsstätte der Garten des Ratsherrn Joseph von Arimathäa. Weil der Sabbat bevorstand, ein großer Festtag, war keine Zeit mehr, den Leichnam weit weg zu begraben. Vor Sonnenuntergang mußte alles geschehen sein. So wird in der Nähe der Kreuzigungsstätte – in der gleichen von einer mächtigen Kuppel überwölbten Kirche – das Grab Jesu gezeigt: verehrungswürdiges Ziel aller Pilger und Heilig-Land-Wallfahrer aller Zeiten.

Große Perspektiven ergeben sich für unser Leben: Wenn einer den Weg geht wie Jesus, Ablehnung, Verurteilung, Leiden und Kreuz auf sich nimmt -- gehorsam, der darf hoffen, daß ihn Gott ebenso akzeptiert und auferweckt, wie er das bei Jesus getan hat. Dieser Ort ist eine Stätte, an der menschliches Leben Sinngebung, Würde und Hoffnung findet.

Am Karsamstag (16.4.) besuchte ich die biblischen Stätten in Jerusalem, die Pilger gerne aufsuchen.

Schon um 15 Uhr hielten die Franziskaner in der Grabeskirche eine Auferstehungsfeier, während zur selben Zeit die Orthodoxen in derselben Kirche gerade ihre Vesper zum Palmsonntag abhielten. Grellste Disharmonien, die wohl nur bei ganz Abgeklärten wie eine Symphonie tönen können!

Ich feierte die Osternacht (um 22 Uhr) in einer Kirche hinter dem Jaffa-Tor, in der das christlich-arabische Volk von Jerusalem seine Heimstätte hat.

Noch an diesem Ostertag fahre ich am Mittag mit dem Zug von Jerusalem hinab nach Haifa. Dort bleibe ich drei Tage bei guten Bekannten und Freunden. Am Donnerstag, 21.4., fliege ich mit der israelischen Fluggesellschaft »El Al« zurück nach München. Ende eines großen Unternehmens! Deo gratias!

Was immer man über die Wallfahrten und Pilgerfahrten und letztlich auch über die Kreuzzüge ins Hl. Land sagen kann, der fromme Gläubige pilgerte betend und im Glauben an die Erlösung seinem Ziel entgegen: der Befreitheit seiner Seele, der Befreitheit vom Alltäglichen!

Die Wallfahrt bot auch, was man heute dem modernen Menschen gerne als lebenserhaltende und auch lebensrettende Therapie vorzustellen versucht: Wandern und körperliches Training aller Art. Allerdings strebte der Wallfahrer früherer Zeit auf seinem Wege nicht nur dem äußeren Ziel zu, er faßte das Pilgern als eine Möglichkeit auf, dem Ziel seines inneren Lebens, Gott näher zu kommen. Der Hebräerbriefverfasser sieht die ganze Kirche als ›wanderndes Gottesvolk‹ – unterwegs zum himmlischen Jerusalem, der herrlichen Stadt.

Summa sumarum: Der Weg nach Jerusalem war ein großer, innerlich beglückender Weg. Gewiß fehlen für einen rechnenden typischen Deutschen die Kilometerwege Wien–Belgrad; Skopje–Gevgelija, Halep–Damaskus. Man soll aber bedenken, daß nicht einmal Paulus alle Wege zu Fuß zurückgelegt hat, sondern ganz gewiß auch mit Reisemitteln seiner Zeit. Auch die »großen Jerusalempilger« haben die Verkehrsmittel ihrer Zeit benützt, wo es nur ging. Viele mittelalterliche Pilger (auch Franziskus und später Ignatius von Loyola) benützten die allein mögliche Route: per Schiff von Venedig über Cypern nach Akko ... und erst dort begann ihr eigentliches Pilgern.

Könnte ich mir in meinem Leben noch einen Wunsch erfüllen, dann wäre es der: zu Fuß von Passau in einem Stück nach Jerusalem zu gehen.

*Der uralte Weg von Jericho nach Jerusalem –
hier zwischen Bethanien und Ölberg*

Uralte Olivenbäume am Ölberg, die gut und gerne schon zur Zeit Jesu stehen konnten

Blick auf Jerusalem vom Ölberg aus

Die Via Dolorosa

Die Kreuzigungskapelle in der Grabeskirche

G. Flaubert behauptet:
»On ne peut penser et écrire qu' assis – man kann nur im Sitzen denken und schreiben.«
Friedrich Nietzsche empört sich dagegen: »Damit habe ich dich, Nihilist – Das Sitzfleisch ist gerade die Sünde wider den heiligen Geist.
Nur die ergangenen Gedanken haben Wert.«

NACHWORT

von Lorenz Wachinger

Den Weg gehen – ans Ziel kommen

Warum geht einer einen ungeheuren Weg, wie von Passau nach Jerusalem, zu Fuß?

Es gibt eine Reihe von ganz verschiedenen Gründen.

1955 erschien der ungemein erfolgreiche, in vielen Sprachen übersetzte, mehrmals in einer Fernseh-Fassung gezeigte Roman von J. M. Bauer, »So weit die Füße tragen«; er beruhte auf Tatsachen, schilderte den Weg eines Deutschen, der 1945 in russische Kriegsgefangenschaft geraten und nach Sibirien in ein Arbeitslager gebracht worden war. Er floh und ging zu Fuß den größten Teil der unvorstellbaren Strecke vom Eismeer bis in den Iran, wo er eine Möglichkeit zum Heimfahren wußte. Er ging aus Not, um sein Leben, aus Heimweh, und Millionen wurden von seinem Schicksal angerührt; Millionen fragten sich: Hätte ich die Energie zu diesem Weg aufgebracht? Und sie spürten die Lockung des unsagbaren Abenteuers.

Aber Ungezählte sind wie dieser Mann auf der Flucht vor der russischen Armee aus den Ostgebieten Wochen und Monate gegangen, weil es keine andere Möglichkeit, wegzukommen, mehr gab; plötzlich war man um Jahrhunderte zurückgeworfen, in die Epoche der Fußgänger und Reiter; gewiß war der Weg nicht so gefahrvoll wie der durch Sibirien, aber der Mühen und Bedrohungen waren es genug. Und viele meisterten den Weg mit ihren Füßen, ihr Körper unterwarf sich dem Ziel, das der Wille vor sie hinstellte, und blieb Herr; viele andere, die es nicht schafften, starben an den Mühen, der Weg blieb stärker und erwies sich als tödlich.

Ich denke an die Generation meines Vaters: Was sind vor 80 Jahren noch die einfachen Leute für Strecken zu Fuß gegangen!

Nicht gerade nach Jerusalem, aber Fußmärsche von 5 oder 10 Stunden waren überhaupt nichts Besonderes und sind von Männern wie von Frauen unzählige Male gegangen worden, aus Sparsamkeit, weil Fahren zu teuer war, oder auch weil es überhaupt keine Fahrgelegenheiten gab.

Lange vor der Wandervogel- und Jugendbewegung der 20er Jahre unseres Jahrhunderts war es, noch um 1900, überhaupt keine Seltenheit, daß jemand zu Fuß die Alpen überquerte, über die berühmten Schweizer Pässe etwa bis Oberitalien oder gar nach Rom wanderte und die alten Städte Umbriens oder der Toskana ablief. Einige Sonderlinge aus dem letzten Jahrhundert sind mit solchen Unternehmungen berühmt geworden, haben Bücher darüber veröffentlicht und sind auf viel Zustimmung getroffen; so J. G. Seume mit seinem »Spaziergang nach Syrakus im Jahre 1802«, als Nr. 186–188a sogar in Reclams Universalbibliothek aufgenommen, was für die Beliebtheit und Verbreitung des Buches spricht. Den ersten Eintrag seines Reisetagebuches schreibt er in Dresden, den 9. Dezember 1801, er ist am Tag davor in der Nähe von Leipzig aufgebrochen: »Ich schnallte in Grimma meinen Tornister, und wir gingen.« Oder der Österreicher J. Kyselak, dessen zweibändiges Werk 1829 in Wien erschien: »Zu Fuß durch Österreich. Skizzen einer Wanderung nebst einer romantisch pittoresken Darstellung mehrerer Gebirgsgegenden und Eisglätscher, unternommen im Jahre 1825 von Joseph Kyselak«; das Buch ist 1982 in Wien neu erschienen, gekürzt, aber »nachgegangen und nachgedacht von Ernst Gehmacher«, einem Soziologen, der einen Teil der Wege selber ausprobiert und vor allem über das Phänomen des »Aussteigens« aus der Routine unserer Arbeitswelt sich seine Gedanken macht.

Natürlich darf man die Handwerksburschen nicht vergessen, die in der Zeit der zunftmäßigen Ordnung ihrer Gewerbe, also vom Mittelalter bis fast in unsere Zeit, sich als »gereiste« Gesellen zu erweisen hatten; oder die Studenten, die berühmte Hochschulen aufsuchten, auch im Ausland. Oder auch ihre

Professoren, soweit sie Theologen oder Philosophen waren und den Bettelorden angehörten, denen Fahren und Reiten verboten war; so ist Albert der Große, Dominikaner und Theologieprofessor, von Köln nach Paris an die Universität gegangen, und viele andere Wege in ganz Europa, als er Ordensprovinzial und zu Visitationsreisen unterwegs war; oder Thomas von Aquin, sein Ordensbruder, der als Student von Neapel nach Paris geht, um Albert zu hören, und später von dort nach Rom zurück, jetzt als Professor.

Und damit sind wir schon fast bei den zahllosen Pilgern, die aus ihrer Heimat nach Jerusalem teils wanderten, teils zu Wagen oder Schiff fuhren, später nach Rom, dann nach Santiago de Compostela; die Beliebtheit der Pilgerziele wechselte im Lauf der Jahrhunderte. Hier sind wir bei einem neuen Grund, einen weiten Weg zu Fuß zu unternehmen. Das Motiv, Buße zu tun, spielte gewiß immer eine wichtige Rolle; aber das kann nicht alles gewesen sein. Liest man ein Buch, wie »Des Pilgers Widerkehr« (1954) von Walter Nigg, so wird vielmehr klar, daß es um eine bestimmte Auffassung und Darstellung des menschlichen Lebens geht: Der Mensch muß sich als einer empfinden, der unterwegs ist, solange er lebt; besonders der Christ weiß, daß seine Heimat nicht hier auf der Erde ist, daß er seine Heimat, sein Ziel erst sucht und daß sein ganzes Leben der Weg zu diesem Ziel ist. Und das stellen die Pilger mit ihrem Leben dar, die ihre Heimat verlassen und nach einem Ziel, sei es Jerusalem oder Rom oder Santiago, unterwegs sind.

Freilich, wir können noch weiter zurückgehen. War nicht Jesus unterwegs in der Zeit seines öffentlichen Auftretens, so daß ein Kommentar zum Markus-Evangelium geradezu »Der Weg Jesu« heißen kann (von E. Haenchen, 1968) oder daß man seine Lehre oder seine Richtung oder die Bewegung seiner Jünger geradezu »den Weg« nennen konnte (Apg 9, 2). Und im Alten Testament finden wir die Wanderungen der Erzväter, angefangen mit Abraham, den Gott aus seinem Land, aus seiner Verwandtschaft, aus dem Haus seines Vaters ruft, in das

Land, das Er ihn sehen lassen wird (Gen 12, 1); wir erleben den großen Weg des Volkes aus der Gefangenschaft in Ägypten durch die Wüste in das verheißene Land, und wie diese große Wanderung nachklingt bis in die Psalmen hinein; wir erleben den Weg Israels ins Exil nach Babylon und in alle späteren Exile des jüdischen Volkes.

Übrigens, gerade an der Bibel, aber nicht nur an ihr, wird sichtbar, wie der Weg und die Pilgerschaft sich ganz von selber verbinden mit dem Erzählen, mit dem Nachsinnen und Meditieren, ja mit dem Buch. Man ist fast immer bei Büchern, wo man über große Wanderungen redet; vielleicht muß es so sein. Wer die Erfahrung eines großen Weges hat, kann etwas erzählen, und er wird gehört, weil viele die Sehnsucht nach dieser Erfahrung kennen. Und wie viele Pilger sind mit einem wie ein Schatz gehüteten Buch, etwa der Heiligen Schrift, ihren Weg gewandert. So konnte sich der mit den Füßen gegangene Weg im Buch spiegeln und das Buch in den Erfahrungen des Weges. Es scheint auch dem Verstehen des großen Buches der Bibel wohl zu bekommen; denn dieses Buch lesen, heißt ja doch gewiß, einen gewaltigen Weg gehen und mitgehen.

Der Weg als Symbol
Jeder weiß, was es heißt, einen Weg gehen, die Straße verlassen; in der freien Landschaft oder in den Bergen erfährt man es noch, wie das tut: Du hast ein Ziel im Kopf und eine Vorstellung von der Strecke, auch einen Zeitplan, ungefähr. Aber dann ist da die Realität, oft anders als die Vorstellung; der Weg ist beschwerlicher als gedacht, oder langweiliger, die Zeit reicht nicht. Der Weg nimmt mich her, verlangt, daß ich, oft mühsam, durchhalte; macht mich aber auch gelassen, sogar fröhlich, manches klärt sich im Kopf während des Gehens. Der Weg verwandelt mich; ich komme weiter, indem ich manches zurücklasse und Neues aufnehme. – Ich kann auf einen falschen Weg geraten; dann muß ich umkehren, das kostet Zeit und Mühe. Manchmal ist man nahe daran, nicht mehr zu mögen;

man gibt das Ziel auf oder man kann einfach nicht mehr, oder der Weg hört auf, und ich weiß nicht mehr, wo und wie weiter. Kommt jemand, der mir den rechten Weg zeigt? Darf ich ihm glauben, wenn er so oder so rät?

In den Märchen ist viel von Weg und Wandern, vom Ausziehen und von Gefahren unterwegs die Rede – wir haben es als Kinder gehört oder gelesen. Der Held muß auf Wanderung; aus Not oder aus Abenteuerlust – »Vater, ich will in die Welt gehen!« – zieht der Jüngste aus, etwa, das Gruseln zu lernen. Allerlei Menschen begegnen ihm, dumme und weise, gute und böse; auch Tiere, verzauberte Wesen, helfend oder bedrohend und fordernd. Es geht um Bewährung und Entscheidung, das Geschick schürzt seine Knoten in diesen Begegnungen. Der Held wandelt sich in den Erfahrungen des Wanderns, er kommt an sein Ziel, macht sein Glück, erlöst die Braut, wird König, kommt heim als ein anderer, zu sich selbst Gekommener. Seine klugen Brüder waren daheim geblieben oder bald wieder umgekehrt, waren daheim nicht glücklicher, im Gegenteil. Das wahre Daheimsein ist erst nach dem großen Schicksals- und Lebensweg möglich.

Auch in den großen Mythen der Menschheit geht es um den Weg und das Geschick des Gehenden. Das gnostische »Lied von der Perle« etwa schildert den Weg der Seele im Bild des Königssohns, der in ein fernes Land reist im Auftrag der Eltern; dort gerät er in Gefahr, vergißt das Ziel durch Verführung, aber auf eine Botschaft der Eltern hin rafft er sich auf, kann sich frei machen und den Auftrag ausführen, nämlich die kostbare Perle holen aus der Gewalt der Schlange. Er kann den Weg heimzu antreten und erreicht seine Heimat und die Eltern. So ist also der Mensch: Er kann nicht im Eigenen bleiben, muß einen langen Weg gehen, Kampf und Läuterung bestehen, und so zu sich selbst, zu den anderen in die Heimat kommen.

Man könnte die großen Epen der Weltliteratur hernehmen; fast wo man hinschaut, geht es um Reisen und weite Ausfahrt, Fahrten aus Notwendigkeit, Schicksalsreisen, denen man sich nicht entziehen darf. Die Heimat ist erst das heißersehnte Ziel; einfach daheim sein wäre unrühmlich, nicht erzählenswert; so in Homers Odyssee, so im Epos des römischen Reiches, Vergils Aeneis, so im Epos des Mittelalters, Dantes »Göttliche Komödie«, so auch in Goethes Faust. Alle Lust des Erzählens gilt den Abenteuern des Unterwegsseins und des Heimkommens; vom Ziel, vom Daheimsein gibt es nichts mehr zu erzählen. Oder kann man von diesem Ziel, vom Ziel des Lebens nicht sprechen, so wenig wie von dem Leben vorher, daheim, erzählt zu werden braucht? Etwa weil daheim und am Ziel sein, wenn man es ganz ernst nimmt, eine Bedeutung hat, die über das Bekannte und Alltägliche hinausgeht, so daß wir keine Worte dafür haben und nur von dem Weg dahin reden können?

Wir denken freilich heute nicht mehr gleich an das letzte Ziel, trotz vieler tödlicher Unfälle auf der Straße. Immerhin mag noch jene Angst auftauchen, um so mehr bei einem wirklich gefährlichen Weg, die sich in der alten Karfreitags-Fürbitte »für die Pilgernden und die auf dem Wege« äußerte. Kaum einmal dämmert es uns, daß es auch das leere, ziellose und zwanghafte Reisen- und Wandernmüssen gibt, den Psychiatern (als Poriomanie) wohlbekannt; oder in den Sagen das Umgehenmüssen ruheloser Toter, die eine Schuld umtreibt. Wir kennen freilich die Reise- und Fremdenverkehrsindustrie, die einen Wirtschaftsfaktor darstellt, mit allen Fraglichkeiten der Massenreisen von der Stange; das Gieren nach immer Neuem, das keine Mühe kosten darf, das besinnungslose und überschnelle Sammeln von Eindrücken. Vor solchen verkommenen Formen des Reisens möchte es schlechte Romantik scheinen, das uralte Bild der großen Reise, des langen Weges zu beschwören. Aber solange wir Menschen sind, ist unserer Lebensreise die Richtung auf den Tod zu gewiesen, als unser gewissestes Schicksal; und wir tun gut daran, unser Eingebundensein in die Zeit, ins Älterwerden und in alle Veränderungen nicht zu verdrängen. Vielmehr ist uns ein großer Weg, den wir selber gehen, oder den wir miterleben im Erzählen oder Lesen, ein Anlaß, unseren eigensten Seelen- und Lebensweg zu betrachten und zu meditieren, damit wir ihn bewußter gehen, da wir ihn doch gehen müssen.

Das Ziel, die Heimat
»Eine Reise voller Hoffnung ist besser als am Ziel anzukommen«, sagt ein chinesischer Spruch. Aber dennoch geht man nicht ohne Ziel; dennoch ist der Exodus des Volkes Israel aus Ägypten nicht alles, er lebt von seinem Ziel, von dem verheißenen Land, in dem jeder unter dem eigenen Weinstock und dem eigenen Feigenbaum sitzen sollte (1 Kön 5, 5). Für das Ziel unserer Lebensreise gibt es die Verheißung und die Hoffnung auf jenes, »das allein in die Kindheit scheint und worin noch niemand war: Heimat« (Ernst Bloch). Um diese Heimat zu finden, darf ich nicht einfach bleiben, wo ich bin und der ich bin, und darf nicht versuchen einen Weg zurück mir zu erträumen. In diese Heimat zu kommen, von der der alte Wander- und Wegebericht, das Alte Testament auf vielen Seiten spricht, verlangt das Weggehen von dem ersten Daheim und das Verwandeltwerden auf den mühsamen Wegen des Lebens, das Neuwerden im Sehen der Welt. Die Mühe des Gehens, so sagt die Verheißung des Zieles, wird sich mit dem Geschenk des Findens treffen. So wäre die Heimat, zu der alles Reisen unterwegs ist, das Ziel, eben nicht das Vertraute von Kind an, sondern das Überraschende, das Unerhörte, das Niegesehene. Es kann nur in Bildern vorweggenommen werden; auch ein wirkliches Ziel eines großen Weges, wie Jerusalem, kann deswegen so beglücken, weil es Bild für mehr ist – für das eigentliche Ziel des Lebens. Ja, für die Frommen und die Mystiker des Mittelalters und der späteren Jahrhunderte ist die Stadt Jerusalem der Geheimname des großen Ziels, so wie in der Johannes-Apokalypse des Neuen Testaments die himmlische Stadt Jerusalem geschildert wird als Ziel und Heimat des inneren Menschen. In vielen Geschichten aus der Bibel und aus der jüdischen und christlichen Überlieferung ist von dieser Bedeutung der Stadt

Jerusalem die Rede; üben wir uns in diese Bedeutung ein, etwa mit der Geschichte aus dem Talmud über den berühmten Schriftgelehrten des 2. Jahrhunderts, Rabbi Akiba, der ein ungelehrter Schafhirt war, als er sich in die Tochter seines Dienstherrn verliebte und sie heimlich heiratete, wofür ihr Vater sie verstieß und enterbte. Akiba aber ging mit Wissen und Willen seiner Frau zu einem großen Lehrer und lernte bei ihm jahrelang, wobei ihn seine Frau mit Geld unterstützte. Als er heimkam und nun, als Thora-Gelehrter, von seinem Schwiegervater wohl aufgenommen wurde, schenkte er seiner Frau ein »goldenes Jerusalem«, ein in Gold graviertes Bild der Stadt Jerusalem als Halsschmuck. Ihre Hilfe hat ihm das Studium der Lehre erlaubt, die ihm das Leben bedeutet; seinen Dank kann er mit dem kostbaren Bild jener Stadt sagen, mit der Gott seinen Namen verbunden hat. Die entschlossene Liebe zwischen ihm und seiner Frau, die glühende und treue Hingabe an die heilige Überlieferung, die Hoffnung auf die Verheißungen Gottes für diese Stadt und ihr Volk – das alles geht in das kleine Schmuckstück ein und wird darin angeschaut. Jerusalem ist zum Symbol des Glaubens zweier Menschen geworden.

Eine andere Geschichte erzählt, wie das Bild Jerusalems zum Symbol für das Gericht Gottes wird. Ezechiel, der Prophet im babylonischen Exil, hat den Verschleppten das Schicksal Jerusalems zu deuten. Er wird geheißen, einen noch nicht getrockneten Lehmziegel zu nehmen, darauf die Stadt Jerusalem einzuritzen und um sie herum Schanzen, Heerlager, Belagerungsinstrumente; eine eiserne Pfanne soll er zwischen das Bild der Stadt und sich stellen: kein Gebet aus der Stadt dringt mehr durch, das Gericht abzuwenden; und er soll sein Gesicht fest auf die Stadt richten, zum Zeichen für die Gemeinde: Gott selber ist gegen Jerusalem, Er belagert es (Ez 4). Die Stadt, die politische und religiöse Gemeinde hat sich ja, so deuten die Propheten die Geschichte ihres Volkes, gegen Gott und seine Weisung verschlossen. Nun verschließt sich Gott gegen sie, gibt die Stadt frei zur Eroberung, Verwüstung, Zerstörung. Die

Mauern der Stadt fallen, nachdem das Gesetz Gottes, das sie innerlich zusammenhalten sollte, außer Geltung gekommen war. Die schwere Geschichte zwischen Gott und Israel, zwischen Gott und den Glaubenden, die Geschichte des Glaubens und des Unglaubens, steht auf Ezechiels Lehmplatte; das eingeritzte Jerusalem, mit dem der Prophet Belagerung spielt, ist das Symbol dieser Geschichte geworden.

Hat deswegen die Kunst des hohen Mittelalters riesige Radleuchter für die großen Dome als »Himmlisches Jerusalem« gestaltet, oder die steinernen Baldachine über den romanischen Heiligenfiguren oder die Rauchfässer in Form einer Stadt mit Mauern, Toren, Türmen? Und noch früher, zu den spätantiken und mittelalterlichen Mosaiken der römischen Kirchen gehört häufig am Chorbogen links und rechts die Darstellung der Städte Betlehem und Jerusalem. Die Heilsgeschichte wollte angeschaut werden; die Stadt konnte Knotenpunkte, Entscheidungsorte, hohe Stunden dieser Geschichte darstellen. Sie konnte aber vielleicht auch, eben als »Himmlisches Jerusalem«, nur noch als die verheißene, ja sichere Erfüllung gesehen werden; als die, fast schon vorweggenommene, unmittelbare und offene Beziehung zu Gott, ohne alle dingliche Vermittlung von Gesetz oder Tempel, wie es die Johannes-Apokalypse (21) schildert. Dann wäre im Bild des »Himmlischen Jerusalem« die Zeit, in der wir leben, übersprungen; die Entscheidung läge hinter uns, wir wären Gottes gewiß – ein Traum, eine Versuchung.

Aber es gibt, seit den Wallfahrtsliedern im Psalmenbuch, über die berühmten Pilgerberichte der späten Antike und des Mittelalters und bis heute, das andere Urbild einer Lebens- und Glaubensmeditation, die von vielen im inneren Anschauen, von vielen auch auf den Pilgerstraßen vollzogen wurde: der Weg zur heiligen Stadt Jerusalem. Es ist ein Bild, in dem ein Menschenleben Platz hat: der ungeheure Weg, der nicht immer leicht sein wird; das Ziel, in dem sich lange Generationen treffen, zu dem die Völker unterwegs sind. Es ist mein Ziel, ebenso wie das jedes andern; nennen wir es mit einem anderen Namen: Frieden, Heil – in mir wie zwischen den Menschen. Denn wenn das Jerusalem der Mauern, Häuser und Tore kein Innen hat und wenn es nicht in mir ist, so war die Reise umsonst.

Hilde Domin spricht von Jerusalem so:

> *»Ich mache ein kleines Zeichen*
> *in die Luft,*
> *unsichtbar,*
> *wo die neue Stadt beginnt,*
> *Jerusalem,*
> *die goldene,*
> *aus Nichts.«*

Die »heilige Stadt« – nichts was nur draußen wäre, nur Steine, Metall. Das alte Geheimwort der Mystiker »Nichts« und die Gottesfarbe »Gold« deuten das »neu« nach innen, besser: auf das Andere, das nicht von uns zu machen ist. Aber »heilige Stadt« kann auch nicht nur innen sein, etwa nur zwischen Gott und dem einzelnen. Das Gold der Ewigkeit und das mystische Nichts tun es allein nicht; der Name Jerusalem meint eine konkrete Stadt, oft zerrissen und umkämpft, mit Menschen, mit Nachbarn, mit einer Lebensordnung; ich kann mich nicht über die Bedingungen des Irdischen, des Lebens hinausschwingen – so konkret und irdisch der Weg war, so konkret geht es beim Ziel um mein Leben mit den Menschen und um das Aufarbeiten meiner inneren Geschichte. Die Tiefenpsychologie würde etwa von dem Weg der Individuation reden und die Stadt Jerusalem als Symbol des Selbst verstehen; auch sie könnte freilich nicht anders als in Bildern reden.

Unser Weg führt ja, wie Kardinal Newmans Grabschrift sagt, aus Andeutungen und Bildern zur Wahrheit. Das Buch über den Weg »zu Fuß von Passau nach Jerusalem« kann ich als ein Bild für mein Leben und mein Ziel lesen. Erst so wird Friedrich Schrögers Bericht voll in allen seinen Dimensionen.

LITERATURVERZEICHNIS

BAMM, P.
An den Küsten des Lichts / Variationen über das Thema Aegaeis (Knaur 195), München–Zürich 1969.

BAMM, P.
Frühe Stätten der Christenheit (Knaur 3042), München–Zürich ¹⁵1955.

BAMM, P.
Welten des Glaubens / Aus den Frühzeiten des Christentums (Knaur 1), München–Zürich 1968.

BARDTKE, H.
Bibel, Spaten und Geschichte, Göttingen 1967.

BAUCH, A.
Quellen zur Geschichte der Diözese Eichstätt, Bd. 1. Biographien der Gründungszeit, Eichstätt 1962 (Eichstätter Studien Bd. 8).

BOUWMAN, G.
Paulus und die anderen / Portrait eines Apostels, Düsseldorf 1980.

BRADFORD, E.
Die Reisen des Paulus, Berlin 1974.

BROX, N.
Zur christlichen Mission in der Spätantike, in: Mission im Neuen Testament (Quaestiones Disputatae 93), Freiburg–Basel–Wien 1982.

BRUIN, P., GIEGEL, PH.
Biblische Länder – Heilige Stätten, Zürich 1968.

BRUIN, P., GIEGEL, PH.
Welteroberer Paulus / Die Ausbreitung des Christentums, Zürich ²1968.

CASSON, L.
Reisen in der Alten Welt, München 1976.

DEISSMANN, A.
Paulus / Eine kultur- und religionsgeschichtliche Skizze, Tübingen 1911.

DONNER, H.
Pilgerfahrt ins Heilige Land. Die ältesten Berichte christlicher Palästinapilger (4.–7. Jahrhundert), Stuttgart 1979.

EINSLE, H.
Das Abenteuer der biblischen Forschung / Von der Arche Noah bis zu den Schriftrollen von Qumran, Aschaffenburg 1979.

ELLIGER, W.
Paulus in Griechenland / Philippi, Thessaloniki, Athen, Korinth (Stuttgarter Bibel-Studien 92/93), Stuttgart 1978.

FABER, G.
Auf den Spuren des Paulus / Bericht einer Reise, Witten–Berlin 1968.

FOSTER, N.
Die Pilger / Reiselust in Gottes Namen, Frankfurt a. M. 1982.

FRIEDLAENDER, L.
Sittengeschichte Roms, ungekürzte Textausgabe, Stuttgart 1977.

GREGORY, C. R.
Zu Fuß in Bibellanden, Hrsg. Prof. Guthe, Leipzig 1919.

HAENCHEN, E.
Apostelgeschichte, Göttingen ^{16}1977.

HASINGER, H. (Hrsg.)
Donaufahrt / Von der Quelle bis Wien, München ^{5}1977.

HOLZNER, J.
Paulus / Ein Heldenleben im Dienste Christi in religionsgeschichtlichem Zusammenhang dargestellt, Freiburg i. Br. 1937.

KÖTTING, B.
Peregrinatio Religiosa / Wallfahrten in der Antike und das Pilgerwesen in der alten Kirche, Münster i. W. ^{2}1980.

LACKNER, F.
Jerusalem-Reise des Felix Lackner von Wang. Mühldorf am Inn 1925.

MEINARDUS, O. F. A.
Die Reisen des Apostel Paulus (nachvollzogen im 20. Jahrhundert), Regensburg 1981.

MORTON, H. V.
In den Spuren des heiligen Paulus, Frankfurt/Main 1965.

NIGG, W.
Des Pilgers Wiederkehr / Drei Variationen über ein Thema, Zürich–Stuttgart 1954.

OLLROG, W. H.
Paulus und seine Mitarbeiter / Untersuchungen zu Theorie und Praxis der paulinischen Mission (Wissenschaftliche Monographien zum Alten und Neuen Testament 50), Neukirchen–Vluyn 1979.

OSWALD, J.
Die Donau von Passau bis Wien (Einführung v. J. Oswald: Die Donau und der bayerisch-österreichische Raum in langen Jahrtausenden), Passau 1963.

OSWALD, J.
Passau in Geschichte und Kunst, Passau ³1956.

PÖRTNER, R. (Hrsg.)
Alte Kulturen ans Licht gebracht / Neue Erkenntnisse der modernen Archäologie, Düsseldorf–Wien 1975.

RAMSAY, W. M.
The Cities of St. Paul / Their influence on his life and thought – The Cities of Eastern Asia Minor, London 1960 (repr. from 1907).

RÖHRICHT, R.
Deutsche Pilgerreisen nach dem Heiligen Lande, Aalen 1967 (Neudruck der Ausgabe Innsbruck 1900).

RUNCIMAN, ST.
Geschichte der Kreuzzüge (Sonderausgabe), München 1968.

SEUME, J. G.
Prosaschriften / Mit einer Einleitung von Werner Kraft, Darmstadt 1974.

STIFTER, A.
Sämtliche Werke X Witiko 2. Bd. (Hrsg. F. Hüller), Hildesheim 1972.

Tagenonis Decani Pataviensis, Descriptio Expeditionis Asiaticae contra TURCAS FRIDERICI IMP. in: RERUM GERMANICARUM SCRIPTIORES, TOMUS PRIMUS. Ex Bibliotheca MARQUARDI FREHERI curante BURCARDO GOTTHELFFIO STRUVIO, ARGENTORATI MDCCXVII.

TROST, E.
Die Donau / Lebenslauf eines Stromes (dtv 845), München ²1972.

Vita Altmanni posterior, hg. von H. Pez, Scriptores rerum Austriacarum I (1721).

Antike Philosophen, Historiker und Geographen, die im Buch öfter erwähnt sind:

HERAKLIT

Philosoph aus Ephesus, um 550 v. Chr.–480 v. Chr. Wegen seiner Rätselsprache schon von den Alten der ›Dunkle‹ genannt. Was über sein Leben berichtet wird ist unsicher. Von seinem Buch sind rund 120 Sätze erhalten. Heraklit beruft sich auf den Logos, der in jedem Menschen spricht. Heraklit geht es vor allem um die Zusammenfügung von Gegensätzlichem zur Einheit. Der Gegensatz wird fruchtbar. So ist auch sein Satz zu verstehen: »Der Krieg ist der Vater aller Dinge.« Vor allem ist er auch ein Lehrer des ewigen Werdens. »Alles fließt« ist einer seiner bekanntesten Sätze. (Brockhaus-Enzyklopädie Bd. 8, S. 382.)

HORAZ

(lat. Quintus Horatius Flaccus) geboren in Venusia (Venosa) in Apulien 8.12.65 v. Chr. als Sohn eines Freigelassenen, gestorben 27.11.8 v. Chr. Horaz kam als Knabe nach Rom und genoß dort und in der Akademie in Athen eine vorzügliche Bildung. Nach der Ermordung Caesars schloß er sich Brutus an. Er kehrt dann 42 v. Chr. nach der Niederlage von Philippi nach Rom zurück und schlägt sich dort als Schreiber durch, bis er 38 in den Kreis des Maecenas gelangt, der dann dafür sorgte, daß Horaz von nun an ganz für die Dichtung leben konnte. Auch Augustus suchte später Horaz zu gewinnen, dieser aber wollte sich die Freiheit seines Schaffens erhalten. Die Dichtungen von Horaz sind vollständig erhalten. Aus seiner frühen Schaffenszeit (ca. 35–30 v. Chr.) stammen seine ›Satiren‹. Im Alter hat er vor allem Oden gedichtet. Horaz ist zusammen mit Vergil der eigentliche Klassiker der lateinischen Dichtung. (Ebd. Bd. 8, S. 673.)

C. PLINIUS DER ÄLTERE

geboren in Como 23/24 n. Chr., gestorben 79 beim Ausbruch des Vesuvs. Lernte als Offizier große Teile des Reiches kennen, so Gallien, Germanien, Spanien und Afrika. Stand zu Titus und Vespasian in enger Beziehung. War zuletzt Befehlshaber der kaiserlichen Flotte in Misenum. Seine kriegswissenschaftlichen, biographischen, historischen, rhetorischen und grammatischen Schriften sind verloren, bis auf geringfügige Reste. Erhalten ist seine Naturgeschichte (›Naturalis historia‹) in 37 Büchern. Er hat dort Erscheinungen der Natur in überlegter Ordnung dargestellt. Sein Werk hatte eine große Wirkung im Altertum und Mittelalter. (Ebd. Bd. 14, S. 691.)

STRABO

griechischer Geograph, geboren in Amaseia in Pontos ca. 63 v. Chr., gestorben nach 26 n. Chr. Unternahm Reisen, auf denen er um 25 v. Chr. Ägypten besuchte. Seine Geschichte von 144 bis zum Ende des Bürgerkrieges (wohl 27

v. Chr.) ist verloren. Von großer Bedeutung für die Kenntnis der antiken Geographie sind seine ›Geographika‹ in 17 Büchern, die größtenteils erhalten sind. (Ebd. Bd. 18, S. 171.)

TACITUS
geboren um 55, gestorben nach 116 n. Chr. Er war 88 Prätor, 97 Konsul, später Statthalter der Provinz Asia. Er war der größte römische Geschichtsschreiber, stammte vermutlich aus Südgallien, war mit Plinius d. J. befreundet und wie dieser ein gefeierter Redner. Als Schriftsteller trat er nach dem Tod Domitians hervor und veröffentlichte 98 sein erstes Werk: Die Biographie seines Schwiegervaters Agricola. Weitere Werke: »De origine et situ Germanorum«, »Dialogus de oratoribus«, Historien. Sein Alterswerk sind die ›Annalen‹, die die Zeit vom Tod des Augustus bis zum Tod Neros (14–68) darstellen. Der Schluß der Annalen, die ca. 18 Bücher umfassen, ist verloren. Erhalten sind: I–IV und XII–XV ganz. V, VI, XI und XVI unvollständig. Tacitus gestaltet Bilder stärkster Eindringlichkeit, auch wenn seine Deutungen der geschichtlichen Wirklichkeit nicht immer entsprechen. (Ebd. Bd. 18, S. 421.)